Discours de la Momie et de la Licorne

Ambroise Paré

Discours
de la Momie et de la Licorne

Préface de
Jean-Michel Delacomptée

Gallimard

Projet graphique :
Pier Luigi Cerri.

Les gravures illustrant cet ouvrage sont extraites du *Discours d'Ambroise Paré, conseiller et premier chirurgien du Roi, à savoir de la momie, de la licorne, des venins et de la peste*, chez Gabriel Buon, Paris, 1582. Tous les documents proviennent de la Bibliothèque interuniversitaire de santé, Service d'histoire de la santé, Paris. Photo © BIU Santé (Paris).

Document de couverture : D'après la *Figure du Pirassoipi, espèce de Licorne d'Arabie* (détail), 1582. Photo © BIU Santé (Paris).

Ambroise Paré, l'œil exotique

par
Jean-Michel Delacomptée

Si Ambroise Paré avait su le latin, rien n'assure que la postérité eût conservé son nom. Mais le fait est là : Ambroise Paré ne savait pas le latin. Et, ne le sachant pas, il a écrit ses œuvres en français. C'est ainsi qu'il se fit connaître d'un large public.

Cependant, tout le monde ne pouvait posséder chez soi les trente livres de ses *Œuvres complètes.* Aussi lui arriva-t-il de n'en publier qu'un, comme ici le XXVe livre, qu'il avait intitulé *Discours de la Momie, de la Licorne, des Venins et de la Peste.* Ce texte parut en 1582. La première édition de ses *Œuvres complètes* avait paru en 1575, une deuxième en 1579, une troisième en 1582, celle-ci en latin, traduite par son élève Jacques Guillemeau, spécialiste de l'œil et anatomiste, une quatrième en 1585. Cette succession montre le succès dont jouissait Paré. La cinquième édition, en 1598, posthume, fut prise pour référence au XIXᵉ siècle par J.-F. Malgaigne, professeur de médecine opératoire, qui la publia avec une introduction de trois cent cinquante pages et une marée de notes historiques et critiques renversantes d'érudition.

Paré était petit, sec, très sain. Il plaça un portrait de lui vu de trois quarts, une gravure sur cuivre, en tête de son *Discours de la Momie*. Il avait alors plus de soixante-dix ans. On peut admirer ses traits de vigoureux vieillard largement déplumé mais avec une belle barbe blanche, une veine lui battant à la tempe droite, le cou ceint d'une collerette à godrons sur un justaucorps de velours boutonné, signe de réussite sociale, et cet œil vaste, droit, qui déchiffrait ce qui échappait aux profanes.

Comme il ignorait le latin, ou qu'il le connaissait juste assez pour bredouiller quelques formules, il n'était pas médecin, mais simplement chirurgien-barbier, du moins au début de sa carrière, ce qui lui évita l'arrogance satisfaite des gens établis et développa sa curiosité prodigieuse.

Plus tard, il fut nommé premier chirurgien de quatre rois de France.

Cette curiosité lui ouvrit les portes du corps humain comme celles des châteaux, et celles aussi des mondes magiques parsemés d'êtres étranges.

Dans les années 1530, âgé d'une vingtaine d'années, il quitta sa Mayenne natale pour monter à Paris et y apprendre la barberie chez un maître : pansement de plaies, réduction de fractures, percement d'abcès, ablation de tumeurs, éventuellement de testicules. Ensuite il s'engagea à l'Hôtel-Dieu, immense hospice près de Notre-Dame où l'on accueillait les pauvres gens, vagabonds, moribonds sans le sou, pouilleux des faubourgs, infortunés malades. Des dortoirs brûlants en été, glacés en hiver. L'Hôtel-Dieu, c'était le lieu idoine pour se frotter à la misère : fièvres de toutes familles, ulcérations purulentes, diarrhées catastrophiques, gangrènes irrémédiables, chancres de la vérole, peste ravageuse, sans compter les façons les plus diverses de souffrir. Les bonnes sœurs surmenées jour et nuit y gagnaient le Ciel. Les chirurgiens-barbiers de même.

Au bout de quelque temps, il partit sur les champs de bataille du Piémont avec les troupes françaises pour parfaire son apprentissage. Il apprit beaucoup : la nouveauté des armes à feu au lieu des arcs, des flèches et des catapultes entraînait des blessures nouvelles. Arquebuse portée à l'épaule, mousquet à mèche, couleuvrine longue de quatre mètres posée sur une fourche, faucons et leurs boulets d'une livre, orgues et leurs canons de mousquets liés ensemble, toutes ces horreurs de l'artillerie, cette invention du diable, disait-il. Les projectiles creusaient dans les chairs un trou noir, fracassaient les os, lacéraient les muscles, brûlaient la peau, blessures inconnues des anciens et qui obligeaient à réviser leur héritage, à examiner le corps humain sous un angle neuf, à improviser des médications sans passé, à inventer des instruments absolument nouveaux.

La révolution des armes de guerre conduisit Paré à innover dans l'observation des blessures comme dans leur traitement. Le hasard joua son rôle : il lui permit de découvrir, pour cautériser les plaies après amputation, les vertus de l'huile de petits chiens, douce et fraîche, en remplacement de l'huile bouillante et des fers ardents qui tuaient plus souvent qu'ils n'arrêtaient le sang. Il procéda ultérieurement à la ligature des veines, plus efficace, apport révolutionnaire qui lui acquit une fameuse réputation auprès des soldats puis, logiquement, auprès des généraux, c'est-à-dire des seigneurs. Il parcourut pendant quarante ans les tueries accompagnées de plaies effrayantes et d'épidémies causées par les charniers, d'abord dans le Piémont, ensuite dans le nord de la France contre les troupes de Charles Quint, enfin dans le sud-ouest de la France et en Île-de-France dans l'armée royale contre les protestants. Il soignait tout ce qui saignait, simples soldats et grands capitaines. On l'appelait partout, on le faisait venir de loin. Il imagina des bistouris de toutes formes, des instruments pour extraire les balles, d'autres pour réduire les fractures, et comme il était extrêmement ingénieux, des yeux artificiels en or émaillé peints selon leur couleur d'origine pour les borgnes, des palais en or ou en argent à la place de ceux détruits par la vérole ou par une balle d'arquebuse, une coque en fer à fixer dans la braguette pour les incontinences d'urine, outre les prothèses qu'il perfectionna, celles de la jambe, du bras, des doigts, dont les mécanismes épousaient si bien les mouvements naturels – extensions, flexions – qu'elles furent peu modifiées jusqu'à la Grande Guerre.

Paré se confronta à tous les dommages du corps, y compris ceux qui, en tant que chirurgien, ne le concernaient pas, comme la lèpre, le venin pesteux, s'intéressant aussi aux indications tirées des urines et des excréments du ventre, au flux des humeurs, voire à la façon de forniquer pour avoir des enfants. Né en 1509 ou 1510, mort à Paris en 1590, il a traversé le XVIᵉ siècle, l'âge de la Renaissance, dans le développement tous azimuts des voyages maritimes, les suites immédiates de la découverte de l'Amérique, la redécouverte de l'Antiquité, les bouleversements de l'imprimerie, le schisme de la chrétienté et les guerres subséquentes, l'essor de la liberté de conscience, la reconnaissance de la langue française comme langue d'administration. Pendant les quatre-vingts années que dura sa vie, il ne chôma jamais. *Labor improbus omnia vincit*, « un travail acharné triomphe de tout » : il aimait cette maxime puisée dans les *Géorgiques* de Virgile, qui résume son action tout entière tendue vers le perfectionnement des soins.

Il travailla avec un tel acharnement qu'il finit par imposer la chirurgie, art manuel jusqu'alors méprisé, comme une branche essentielle de la médecine : « le père de la chirurgie moderne », on le célèbre ainsi, à juste titre.

Il avait cette autre maxime, bien connue de ceux que son humanité émerveille : « Je le pansai, Dieu le

14

guérit », gravée au mitan du XIXe siècle sur le socle de granit beige qui soutient à Laval, devant l'hôtel de ville, sa statue sculptée par David. On l'y voit moulé dans un bronze vert-de-gris. Il réfléchit à une intervention sur un patient, sans doute un soldat blessé, absent de la scène, mais dont, à ses pieds derrière lui, on distingue l'arquebuse. Il est vêtu d'une sorte de tablier à gros plis et manches serrées aux poignets, la tête légèrement inclinée, la main droite caressant la barbiche, tandis que la gauche s'apprête à saisir des instruments de chirurgie posés sur une pile de livres qui représentent ses œuvres et, au-delà, tous les livres, et, au-delà des livres, la beauté du savoir. Non le savoir poussiéreux, latinisant, scolastique, de la Faculté de médecine, réservé aux doctes enfermés dans leurs cabinets et leurs certitudes, mais celui, ouvert sur l'expérience pratique, de l'esprit qui émergeait des ombres et qui était déjà, malgré quelques bizarreries comme les élucubrations sur les monstres et les prodiges, l'esprit scientifique.

« Je le pansai, Dieu le guérit », manière de dire, pour cet homme à la foi chrétienne bien trempée (une foi certainement catholique, même si un mince doute subsiste), que le chirurgien propose, mais que

15

Dieu dispose. C'est la formule des rois touchant les écrouelles, « Le roi te touche, et Dieu te guérit », sauf que l'attouchement royal puisait sa puissance dans la sacralité dont Dieu avait oint le sceptre, tandis que la devise de Paré signifiait que si Dieu, ou, en l'occurrence, son quasi-équivalent la Nature, refusait de seconder les soins du chirurgien, celui-ci devait s'incliner.

Paré ne prétendait évidemment pas remplacer Dieu, encore moins parler en son nom – Dieu était inaccessible, inconnaissable, d'une autre essence. Il se cantonnait aux effets de sa volonté humaine et remettait à la volonté divine la décision de laisser vivre ou non les patients. L'homme, écrit-il dans l'avis au lecteur placé au seuil de ses *Œuvres complètes*, n'est pas né pour soi seulement ni pour son seul profit, mais pour aimer son semblable et le secourir. Voilà la réalité de l'humanisme : l'homme est la valeur suprême, mais quelque chose existe au-delà de lui, hors de sa connaissance, et qui ne lui appartient pas. Il doit donc être le but des soins, lui exclusivement, non le profit, mais en gardant la conviction qu'il existe en chacun de nous une dimension étrangère à la science, et que cette dimension, revêtue du nom de Dieu ou de Nature, impose de porter sur l'homme un regard non technique, c'est-à-dire charitable.

Il fallait que lui-même, Ambroise Paré, fût habité d'un humanisme fervent pour combattre non seulement l'ignorance, mais les tenants de l'ignorance, aussi bien les têtes dures de la Faculté de médecine que la foule des charlatans, larrons, bonimenteurs, apothicaires vendeurs de vent aux niais de toute farine qui composaient leur clientèle, et qui, pour rien au monde, n'auraient voulu ôter leur confiance à l'illusoire magie de prétendus remèdes.

Au premier rang de ces remèdes, on trouvait le jus de momie et la poudre de licorne. Le tableau que Paré nous brosse de cette pharmacopée passe l'entendement. Le surréalisme aurait apprécié ces descriptions où l'horreur des produits qu'on ingurgitait dans l'espoir de guérir le dispute à l'aberration des croyances fondées sur la rumeur. Révolue, pareille crédulité ? Elle fleurit aujourd'hui sous d'autres formes et en d'autres domaines, toujours aussi drue (l'Internet s'y complaît).

Combattre l'ignorance aux conséquences très lucratives qui favorisait la production de mixtures aussi répugnantes que le jus de momie, ou de poudres aussi frauduleuses que la poudre de licorne, demandait du courage : les raisonnements logiques et les données de l'expérience ne pouvaient suffire, il fallait de solides appuis. Il s'en ménagea continuellement, au fil de ses ouvrages.

Il dédia à Jean Chappelain, premier médecin du défunt Henri II, sa *Méthode curative des playes, et fractures de la teste humaine, avec les pourtraits des instruments nécessaires pour la curation d'icelles*, en février 1561, un an et demi après la blessure fatale du roi Henri II lors du tournoi offert pour célébrer les noces de sa sœur Marguerite avec Emmanuel-Philibert de Savoie et de sa fille Élisabeth de France avec Philippe II d'Espagne. Blessé d'un éclat de lance au front, le roi fut transporté au château des Tournelles où les médecins, dont M. Chappelain, et les chirurgiens, dont M. Lavernot, premier de ses treize chirurgiens, s'assemblèrent pour délibérer du meilleur moyen de le sauver. Ambroise Paré participa à l'assemblée. Tous s'exprimaient en latin comme en leur langue, sauf lui, mais plusieurs fois M. Chappelain le consulta, et il l'en remercie dans sa dédicace.

En avril 1561, il dédia son *Anatomie universelle du corps humain* au roi de Navarre, le père d'Henri IV.

En 1568, il dédia à M. Castellan, premier médecin de Catherine de Médicis, son *Traicté de la peste, de la petite verolle et rougeolle : avec une briefve description de la lèpre*, un in-octavo de deux cent trente-cinq pages où il signale qu'il l'a fait paraître pour le service de Charles IX et de la reine sa mère. Celle-ci, ayant constaté à Lyon en 1564, durant le grand voyage de la cour autour du royaume, qu'une multitude de gens mouraient de la peste causée par la corruption de l'air, lui avait commandé d'écrire ce qu'il en savait et de publier les remèdes que sa longue pratique lui avait appris. Il obéit d'autant plus volontiers qu'il avait lui-même été touché de ce mal, atteint d'un apostème virulent sous l'aisselle droite doublé d'un charbon au ventre. On ne possède aucune lumière sur l'époque où la peste le frappa, ni sur le lieu, si vif était chez lui le souci de ne révéler de sa vie privée que les éléments nécessaires à la compréhension des maux et traitements qu'il décrivait en fuyant tout jargon doctoral.

En 1580, la peste revint à Paris, où elle fit trente mille morts. Republiant son *Traicté de la peste* qu'il

19

avait dédié à M. Castellan en 1568, il le dédia cette fois à MM. les prévôts des marchands et échevins de Paris, administrateurs de la ville, dont il se fit des alliés contre les médecins au col d'hermine et autres notables que ses audaces scandalisaient.

Il a dédié ses ouvrages aux rois qu'il servit, Henri II, Charles IX, Henri III, à la seule exception de François II, le fils aîné d'Henri II, qui régna trop peu de temps.

Il les dédiait aux souverains, aux princes, aux médecins de la cour, aux autorités de Paris par respect de la tradition, mais, aussi bien, par prudence. Tout esprit novateur suscite des flambées de haine. C'est pourquoi, en 1582, publiant son *Discours de la Momie, de la Licorne, des Venins et de la Peste*, opuscule de soixante-quinze feuillets orné d'une douzaine de gravures qui représentaient des animaux fabuleux, où, premier à le faire publiquement, il niait les vertus médicales de la chair de momie et de la poudre de licorne, il dédia son livre au très puissant « messire Christophle des Ursains » en lui demandant protection contre les coups de bec qu'on lui décocherait infailliblement, tant les praticiens, les grands seigneurs et le peuple portaient aux nues ces fariboles.

Remarquons, dans le titre de l'opus, le lien entre la momie et la licorne d'une part, les venins et la peste d'autre part.

La crédulité inouïe de cette société pour l'essentiel orale répondait à la terreur de l'empoisonnement. Omniprésence des poisons, obsession de leurs dangers. Les poisons de la malveillance humaine dont chacun devait se méfier, en particulier les prélats (inquiétude née de l'influence italienne). Poisons des animaux, crapauds, aspics, vipères, scorpions, araignées, salamandres, chenilles, taons, guêpes. Poisons des plantes telles que la ciguë, le pavot, la morelle, la jusquiame, la mandragore. Poisons des minerais tels que la litharge, la céruse, la limure de plomb, l'écaille d'airain. Enfin et surtout, il y avait les poisons de l'air vicié, d'où les fièvres.

Que le jus de momie pût soigner les contusions et meurtrissures comme celles dont Christophle des Ursains pensa mourir, voilà qui surprend, certes. Les détails que fournit Paré font froid dans le dos. Mais l'absurdité du remède ne se comprend que dans le cadre plus général des mystères du corps révélés par les fébrilités où se mêlaient les venins et le poison des virus.

Les gens de cette époque vivaient dans un univers

de frissons opaques. Ils subissaient le grouillement des fièvres quotidiennes qui revenaient chaque jour, des doubles quotidiennes, des fièvres tierces un jour sur deux, des doubles tierces, triples tierces, demi-tierces, quartes, doubles quartes, triples quartes, quintaines, sextaines, octaines, nonaines, des fièvres continues, fièvres intermittentes, fièvres légitimes, fièvres bâtardes, fièvres simples, fièvres composées, fièvres confuses, dans une hantise permanente de suées et de tremblements jaillis on ne savait d'où ni pourquoi, maux traités à coups d'émétiques, de fomentations, de liniments, de cordiaux, de scarifications, de sangsues, de ventouses, dans une quête désespérée de réponses aux défaillances qui tuaient en trois jours. En plus de la vérole et de la peste, ces menaces sans pitié, régnaient la rougeole, la variole, la grippe, le paludisme, le choléra, le typhus, la fièvre jaune, les fièvres hémorragiques, les septicémies fulgurantes. La vie était un piège.

Ambroise Paré a étudié scrupuleusement les fièvres chez Galien, expert en la matière comme en toutes. Il lui a emprunté sa nomenclature, ses descriptions, ses remèdes. Et pour défendre les bons remèdes, il a récusé les frauduleux, les maléfiques. Il n'y a rien épargné : ni le bon sens le plus évident, ni les résultats de ses expériences contre les arguments d'autorité, ni son érudition, car il a tout lu des auteurs anciens comme des modernes, ni les références exactes des ouvrages cités à l'appui de ses réfutations, ni les dessins publiés à grands frais pour circonscrire l'imagination, ni l'humour, ni les récits de voyages qu'il mentionne et qui justifient la fascination qu'exercent les pages ici présentées.

Ayant le goût des organes et animaux étranges, il accumulait dans son cabinet parisien les curiosités qu'il recevait de ses amis voyageurs ou qu'il découvrait lors de ses propres voyages. On en rencontre dans le *Discours de la Momie et de la Licorne.* Il avait l'âme d'un collectionneur, non d'objets de même espèce, les masques par exemple, mais de singularités exotiques.

Cela formait dans son cabinet un bric-à-brac de merveilles qui réjouissaient l'amour qu'il portait à la richesse de la création divine. Il avait un oiseau du paradis vivant aux îles Molucques, semblable à l'hirondelle mais avec des plumes bigarrées. Il avait un toucan embaumé par lui, que lui avait donné Charles IX à qui l'avait offert un seigneur provençal, une pastenague, sorte de raie, et un squelette d'autruche (Charles IX en possédait trois, ainsi que des phoques, son père Henri II avait des lions dans une ménagerie aux Tournelles, dont l'un croqua un jour la tête d'une fillette que Paré sauva). Il avait une corne d'ulétif, poisson-scie, donné par M. le Coq, auditeur en la chambre des comptes, et un poisson volant appelé *Bulampech* par les Sauvages, au crâne rond, aux ailes comme d'une chauve-souris, dont parlaient André Thevet au tome 2 de sa *Cosmographie*, chapitre 10 (que Paré cite plusieurs fois dans le *Discours de la Licorne*) et Jean de Léry dans son *Histoire d'un voyage fait en la terre du Brésil*, chapitre 3. Il avait aussi la vertèbre d'une baleine qu'il avait recueillie à Biarritz lors du grand voyage de la cour, un caméléon capturé en Afrique avec sa longue queue, ses griffes, ses écailles et son mufle comme d'un petit cochon, ainsi qu'un os pubien d'une longueur incroyable offert par son collègue Séverin Pineau. Il avait encore le cœur d'un nouveau-né à deux têtes, deux bras et quatre jambes, conservé dans du vinaigre, sans oublier le cadavre desséché de deux siamois à une seule tête offert par René Siret, chirurgien attaché au duc d'Anjou, le futur Henri III, ainsi qu'une matrice d'un poids de neuf livres qu'il avait extraite de la défunte épouse d'un potier d'étain à Paris. Et par-dessus tout, il gardait le cadavre d'un pendu que lui avait offert le lieutenant criminel Seguier et qu'il avait embaumé. Il avait découpé la partie droite pour avoir une vue des organes, laissant la gauche intacte, où l'on distinguait en entier, vingt-cinq ans après, les poumons, le cœur, le diaphragme, l'estomac, les reins, même le poil de la barbe et les ongles qui avaient continué de pousser. Dans le texte sur la licorne, il présente avec une fierté légitime ce cadavre dont la conservation prouvait ses talents d'embaumeur.

Sa défiance envers la magie lui servait de boussole. Un jour de l'hiver 1565, à Clermont en Auvergne, un gentilhomme espagnol offrit à Charles IX, qui partageait avec Paré le goût des curiosités, une pierre censée guérir de tous les venins et poisons. Elle s'appelait le *behazar*. On en faisait macérer des grains dans de l'eau de rose et inévitablement la guérison survenait. Charles IX demanda à Paré s'il croyait à cette panacée. Paré n'y croyait absolument pas : chaque poison étant spécifique, donc appelant un remède spécifique, il n'existait aucun antidote universel. Pour le prouver au roi et au gentilhomme espagnol, il fit donner du sublimé à un cuisinier enfermé dans la prison de la ville, qui était condamné à mort pour un vol de deux plats d'argent. Puis il lui donna de la pierre de behazar. L'appareil digestif dévoré par le sublimé, le cuisinier mourut dans d'affreuses souffrances. Paré tenta de le sauver en lui administrant de l'huile. Preuve était ainsi faite que le behazar ne valait rien. Les cobayes ont toujours payé cher les progrès de la science.

Paré était curieux des monstres. Il composa tout un livre pour en décrire des spécimens, porcs à face humaine, chiens à tête de volaille, femmes accouchant d'un rat sans queue. Malgré son esprit rationnel, il croyait aux prodiges qu'il attribuait au diable, comme des coups frappés la nuit dans une maison, les portes et fenêtres claquées, tous les meubles renversés, la vaisselle cassée, et le matin tout redevenu calme, sans aucune trace de désordre.

Mais en dehors de ces bizarreries, il contestait le surnaturel. Il croyait sur parole les savants et les voyageurs dignes de foi, parce qu'il se fiait au témoignage des livres, mais il préférait ce qui se voit et se touche, ce qui s'expérimente.

Aussi a-t-il publié ses œuvres pour enseigner son

savoir aux jeunes chirurgiens, sans omettre les gens de bonne volonté désireux de se soigner, donc de connaître leur corps et les bons remèdes. Ce pédagogue-né s'était donné pour vocation de toujours apprendre, de découvrir, d'inventer, et de transmettre. Dans cette exigence, le devoir de vérité tenait la place centrale. La médecine et la chirurgie sans l'éthique contrevenaient aux impératifs du savoir ainsi qu'à l'esprit de charité. Il en allait de même pour les médications. L'argent ne devait pas compter, ou le moins possible. Jus de momie, poudre de licorne, c'était le pire des exemples. Les curiosités qui enchantaient son cabinet témoignaient de la générosité de Dieu, de sa création exubérante, à rebours de ces chimères dangereuses et coûteuses. Oublier l'amour du prochain, trahir le serment d'Hippocrate, mettre en péril la vie des hommes, même crime, même péché. Ambroise Paré le veilleur magnifique s'est révolté. Sa franchise, sa probité restent des modèles. Car notre actualité elle aussi a ses jus de momie et ses poudres de licorne. La lutte contre les charlatans, contre le mensonge, contre l'imposture, cet incessant combat pour la vérité n'a pas d'âge, n'est d'aucune époque.

FIGURE DU CAMPHUR

Discours de la Momie
et de la Licorne

À TRÈS-HAUT ET PUISSANT SEIGNEUR MESSIRE
CHRISTOPHLE DES URSAINS

Chevalier des Ordres du Roy
Conseiller en son Conseil Privé et d'État
Capitaine de Cent hommes d'armes
des Ordonnances de Sa Majesté
Seigneur de la Chapelle
Baron de Treiguel, Doue et Armenonville, Etc.

Monseigneur, vous avez souvenance que — l'an 1580 —, le dernier jour d'août, entre l'abbaye de Châalis et Armenonville, l'un de vos grands chevaux se cabra, renversa sur vous, et vous tombâtes sur un gros et aigu caillou, à l'endroit des reins.

Le cheval, étant bon et généreux, se mit en devoir de se relever, mais, ne se relevant qu'à demi, tomba derechef, et vous donna un second heurt, et, n'eût été le prompt et fidèle secours d'un de vos gentilshommes, nommé de Selles qui, promptement, descendit de cheval et vous retira à bien grand'peine de dessous, vous étiez en extrême danger de votre personne. De fait que, à l'instant même, vous tombâtes en syncope et défaillance de cœur et de parole, et fûtes sitôt porté en votre maison où, étant couché au lit, les mêmes accidents retournèrent et persévérèrent l'espace de quatre heures durant lesquelles, par la diligence de Madame votre compagne — Dame, certes, de grandes vertus, — ne fut rien oublié de tout ce que l'on peut imaginer pour vous secourir. Et, pour ce faire, furent appelés Médecins et Chirurgiens des lieux proches, comme Senlis, Dammartin, et, mêmement, Mme la Connétable vous envoya M. Le Fèvre, Médecin ordinaire du Roy qui, lors était à Gentilly ; qui vous fit saigner et adapter tous autres remèdes propres à de telles blessures.

Et ne fut rien oublié pour apaiser les douleurs, et arrêter le sang meurtri qui était répandu aux lombes, et, pareillement, jusques au petit ventre et aux cuisses. Et, voyant que vous ne sentiez tel et si prompt allégement que vous eussiez désiré, vous m'envoyâtes quérir à Paris.

Ayant reçu vos lettres, pour le service que je vous dois ainsi qu'à toute votre maison, je montai vite à cheval. Arrivé, j'aperçus une bien grande tumeur et enflure mollasse, un peu au-dessus de l'os sacrum. Fus d'avis de faire ouverture, pour donner issue à beaucoup de sang caillebotté, et aux sérosités qui, arrêtées sous la peau, pouvaient causer pourriture, gangrène et autres plusieurs accidents mortels qui, en telles et si grandes contusions, ont coutume de survenir.

L'ouverture faite, ne sortait — par l'espace de dix ou douze jours —, moins de choppine desdites sérosités et sang caillé, à chaque fois qu'on vous habillait, de sorte que les serviettes et couvrechefs qu'on vous mettait sur votre plaie, pliées en quatre ou cinq épaisseurs, étant torses, distillaient comme qui les eût tirées d'un plein seau d'eau. Ce que considérant, je commençai à craindre que, par là, il ne se fît une fonte des parties solides de tout votre corps, et, par conséquent, finissiez vos jours consumé par le marasme, attendu même qu'à raison de plusieurs grandes cavités d'où sortaient les matières mentionnées, il convenait de faire encore quelques autres incisions. De quoi je voulus bien avertir madite Dame, et M. de Paleseau, votre gendre, et Mme votre fille, qui étaient fort curieux de votre état de santé ; les suppliant du reste que tant pour le regard du danger apparent, que votre respect qui êtes un des plus signalés de la France, que nous eussions davantage de conseil. À quoi madite Dame, ne voulant rien épargner, fit soudain écrire au Roy qu'il plût à Sa

Majesté lui envoyer M. Pigray, homme bien entendu à la Chirurgie : ce que le Roy fit bien volontiers.

Aussi, on envoya quérir M. de Mouron, homme estimé entre les hommes doctes, et bien entendu en médecine et en chirurgie et, pareillement, à Paris, quérir M. Hautin, Docteur régent en la Faculté de Médecine — MM. Cointeret et Le Fort, chirurgiens, qui arrivés, et après avoir vu, sondé et considéré votre plaie, conclurent avec nous — unanimement — qu'il était plus que nécessaire de faire de nouvelles ouvertures, afin d'avoir plus de commodité et liberté pour modifier les cavités qui étaient sous la peau toute moulue et contuse.

Dieu bénit notre labeur, et en avez été bien guéri, grâces à Lui.

Lorsque vous commençâtes à bien vous porter, et vos douleurs à s'apaiser, vous me fîtes cet honneur de discourir de plusieurs belles choses ; entre les autres : comme on ne vous avait point donné à boire de momie au commencement de votre chute. Lors, je vous répondis que j'en étais joyeux, parce qu'elle pouvait beaucoup plus nuire qu'aider, à cause que c'est de la chair de corps morts, puants et cadavéreux, et que jamais n'avais vu que ceux auxquels on en avait donné à boire ou à manger, qu'ils ne vomissent tôt après en avoir pris, avec grandes douleurs d'estomac. Et, tant s'en faut qu'elle puisse arrêter le sang qui coule des vaisseaux d'une contusion ; plutôt par l'agitation que fait cette bonne drogue dans le corps, il en fluerait encore davantage. Aussi que les anciens Juifs, Arabes, Chaldéens, Égyptiens n'ont jamais pensé faire embaumer leurs corps pour être mangés des Chrétiens : mais avaient en si grand honneur, révérence et recommandation les corps des trépassés, pour l'espérance de la résurrection, qu'ils ont cherché à les embaumer pour les conserver et garder à jamais, s'ils eussent pu faire, en plusieurs et diverses sortes, comme on verra par ce discours. Davantage seraient iceux corps ainsi embaumés de souverains gages et assurance de leur foi. Si bien que s'il était advenu qu'aucuns eussent affaire de quelque grosse somme d'argent, ils ne faillaient pas de la trouver à emprunter sur gage de l'un de leurs parents, les créanciers se tenant tout assurés que, moyennant tel gage, le débiteur manquerait plutôt de vie que de foi, tant ils avaient à cœur de retirer tel gage. Et si la fortune faisait, et le malheur fût si grand qu'aucun s'oubliât de tant en ses nécessités que de ne vouloir ou savoir trouver moyen de retirer son gage, il tombait en tel déshonneur et infamie, qu'il n'eût pas été même bon à donner à manger aux chiens, et n'eût plus osé se montrer en public. On le huait, comme on le fait pour un loup ou un chien enragé, et, de liberté, tombait dans une ignominieuse servitude, comme ayant désavoué sa race et son origine.

Par ces choses, l'on voit comme les anciens Juifs n'ont fait embaumer leurs corps pour les faire manger aux Chrétiens. Davantage Hippocrate et Galien n'en parlèrent ni ordonnèrent jamais pour quelque cause que ce fût. Et, si elle eût été propre aux contusions ou autres maladies, il est certain qu'ils ne l'eussent oublié à décrire.

De la corne de licorne

Monseigneur, après vous avoir discouru de la Momie, voulûtes aussi savoir ce qu'il me semblait de la corne de Licorne, et si j'avais connu — par quelque expérience — qu'elle eût puissance contre les venins. Lors, je vous fis réponse qu'on ne sait, à la vérité, quelle est cette bête, même qu'aucuns doutent que ce ne soit une chose faussement inventée.

Les uns disent que c'est une bête inconnue, et qu'elle naît aux Indes. Les autres, en Éthiopie. D'autres, en terres neuves. Et les autres, encore, en déserts inaccessibles. Et tous n'en parlent que par ouï dire…

Et comme ils sont différents de la description des lieux où naît ladite Licorne, ils sont pareillement discordants de la forme et figure et couleur et de sa corne, et des pieds, et des mœurs… Car les uns disent qu'elle est la plus furieuse et cruelle de toutes les bêtes, et qu'elle hurle fort hideusement, et que jamais on ne la prend vive. D'autres, au contraire, la disent fort douce et bénigne, et s'amouracher des filles, prenant plaisir à les contempler, et qu'elle est souvent prise par ce moyen.

Plusieurs tiennent que si l'on fait tremper de la corne de Licorne dans l'eau, et que, de cette eau, on fait un cercle sur une table, puis, qu'on met dans ledit cercle un scorpion ou araignée, ou un crapaud, que ces bêtes meurent, et qu'elles ne passent aucunement par-dessus le cercle. Je l'ai voulu expérimenter, et ai trouvé cela être faux et mensonger.

D'autres disent que si l'on en faisait avaler à un poulet ou un pigeon qui eût pris arsenic ou sublimé, ou quelque autre venin, il n'en sentirait aucun mal : cela est pareillement faux, comme l'expérience en fera foi.

Autres tiennent pour chose véritable que la vraie Licorne étant mise en l'eau, se prend à bouillonner, faisant élever petites bulles d'eau comme perles. Je dis que cela se fait aussi bien aux cornes de bœuf et de mouton, et même d'autres animaux, voire des tessons de pots, tuiles et briques : ce que vous vîtes par expérience, lorsque je mis en un verre d'eau des os de mouton et des tessons de pots ; et vous en dis la raison, dont fûtes fort content.

Autres disent avoir grande vertu contre la peste et autres venins, et je crois pareillement cela être une chose fabuleuse. Quelqu'un me dira qu'il est possible que les cornes avec lesquelles j'ai fait mes expériences n'étaient pas de vraies cornes de Licorne… À quoi je réponds que celle de Saint-Denis, en France, et celle du Roy — que l'on tient en grande estime —, et celles des marchands de Paris que l'on vend à grand prix ne sont donc vraies cornes de Licorne : car ç'a été sur celles-là que j'ai fait mon expérience, et, si on ne me veut croire, qu'on vienne à l'expérience comme moi. Et l'on connaîtra la vérité contre le mensonge.

Or, Monseigneur, ces opinions contraires, et les expériences qu'on en fait, font juger que tout ce que l'on dit des Licornes est chose inventée à plaisir par les peintres et les historiographes.

Et je ne suis seul de cette opinion, car il est plusieurs doctes Médecins — gens de bien —, craignant Dieu, qui sont de mon avis, comme je le montrerai ci-après en ce discours. Et principalement, feu M. Chappelain,

Conseiller et Premier Médecin du Roi Charles IX, lequel — en son vivant —, était grandement estimé entre les doctes gens.

Un jour, lui parlant du grand abus qui se commettait en l'usage de corne de Licorne, je le priai — vu l'autorité qu'il avait à l'endroit de la personne du Roy, notre maître —, d'en vouloir ôter l'usage et abus ; et principalement d'abolir cette coutume qu'on avait de laisser tremper un morceau de Licorne dans la coupe où le Roy buvait, craignant le poison. Et qu'elle est beaucoup plus chère que l'or, comme l'on peut voir dans la supputation : car, à vendre le grain d'or fin onze deniers pites, la livre ne vaut que 196 écus sol, et, le grain de Licorne valant 10 sols, la dragme — à raison de 60 grains —, vaut 30 livres, et l'once — à raison de 8 dragmes —, vaut 240 livres, et, conséquemment, la livre — à raison de 16 onces —, vaut 3.140 livres, lesquels — réduits en écus — valent 1.280 écus. À cette cause, il ferait beaucoup d'ôter cette superstition et larcin qu'on fait au peuple.

Il me fit réponse, qu'il voyait l'opinion qu'on avait de la Licorne tant invétérée et enracinée au cerveau des princes et du peuple, que, malgré qu'il l'eût volon-

44

tiers ôtée, il croyait bien que, par raison, n'en pourrait être maître ; et que les Médecins ayant une bonne âme — encore qu'ils sachent qu'elle ne vaut rien, n'ayant aucune vertu qu'on lui attribue — sont souvent contraints de permettre aux malades d'en user, parce qu'ils la désirent et en veulent. Et que, s'il advenait qu'ils mourussent sans en avoir pris, les parents donneraient tous la chasse auxdits Médecins, et les décrieraient comme la fausse monnaie.

Davantage disait que tout homme qui entreprend à décrire des choses d'importance — et, notamment, de réfuter quelque opinion reçue de longtemps —, il ressemble au hibou ou chat-huant, lequel se montrant en quelque lieu éminent, se met en butte à tous les autres oiseaux, qui le viennent becqueter et courir sus à toute hâte.

Aussi, je vous discourus pareillement que la Licorne n'a nulle vertu contre les venins, — comme le monde lui attribue —, parce que tous venins ne font pas leurs effets d'une même façon. Car il y en a de chauds, de froids, de secs, d'humides ; autres qui opèrent par qualité occulte et secrète, et que chacun a son propre accident, lequel doit être guéri par son contraire.

Partant, la Licorne ne peut résister à tous venins, comme il sera démontré ci-après.

Je vous fis pareillement un petit discours de la Peste, où j'ai montré que la Licorne n'a ni force ni vertu pour contrarier au venin pestiféré : où je me suis efforcé tant qu'il m'a été possible d'enseigner les jeunes chirurgiens qui sont appelés à panser les pestiférés : où je suis bien assuré qu'il y en a qui ne virent jamais apostème, ni charbon, ni pestiféré pourpre, à qui ce petit traité pourra grandement servir. Aussi que les pauvres malades touchés de cette contagion, délaissés de tout secours, se pourront eux-mêmes aider à leur guérison, à raison que j'ai écrit en langage vulgaire et fort familier, et les remèdes aisés à connaître, et la manière dont il faut les préparer, et comme il faut les diversifier, si bien que toutes personnes s'en pourront aider.

Or, j'ai écrit — me semble-t-il — en approchant le plus possible de la vérité, parce que j'ai été touché de ce mal, que j'ai souffert de l'apostème sous l'aisselle, et du charbon au ventre. Et si je crois bien séant à un vieux capitaine de parler de la guerre, et au marin de discourir sur la navigation, il ne me sera sûrement pas mal séant — après avoir exercé la Chirurgie, spécialement à l'endroit des pestiférés —, de mettre derechef en lumière, ce petit extrait du vingt-cinquième livre de mes œuvres, pour enseigner les jeunes chirurgiens, et les pauvres malades délaissés de tout le monde, pour se secourir eux-mêmes.

Ayant entendu ces discours, vous me priâtes — ce que je reçus comme un commandement —, de les mettre par écrit, afin d'envoyer ces abus à vau l'eau, et que le monde n'en fût plus trompé. Lors, je vous dis que j'en avais déjà écrit dans mes œuvres. Vous me répliquâtes que plusieurs ne pourraient avoir toutes mes œuvres, et qu'ils auraient tous ces discours plus facilement et à meilleur prix : ce que volontiers, je vous accordai. Toutefois, je crois que ce ne sera pas sans contredit. Mais j'espère que vous en serez le protecteur et le défenseur, vu la grande autorité et le crédit que l'on vous accorde dans toute la France ; car, lorsque ce petit livre sera en lumière, je ressemblerai au hibou, et je crois qu'il y aura quelques geais ou méchants corbeaux ennemis de la vérité et de la République, qui me cajoleront et me becquetteront. Mais je leur tendrai volontiers mes épaules pour me battre fort — toutefois, sans me faire aucun mal —, et, s'ils me peuvent assaillir de quelque bon trait de raison ou d'expérience, tant s'en faut que je m'en trouve offensé qu'au contraire je leur en saurai fort bon gré, de m'avoir montré ce que depuis je n'ai pu apprendre des plus doctes et signalés personnages qui furent et sont encore en estime pour leur doctrine singulière.

Voilà, Monseigneur, ce qu'il me semble de la Momie, de la corne de Licorne, et de la Peste,

Priant Dieu, Monseigneur, vous donner — et à Madame votre compagne —, ensemble à tous ceux de votre maison, prospérité en ce monde, et félicité perpé-tuelle,

Votre très-humble et très-affectionné
Serviteur, à jamais.
Ambroise PARÉ.

Discours de la Momie

Chapitre premier

La momie a pris son nom et origine des anciens Juifs, Arabes et Chaldéens, et principalement des Égyptiens, même longtemps avant Moïse, et depuis eux les Grecs et Latins : tous ont eu en si grand honneur, révérence et recommandation les corps des trépassés, pour l'espérance de la résurrection, qu'ils ont fort recherché les moyens, non seulement de les ensevelir, mais aussi de les conserver à jamais, s'ils réussissaient à le faire par certaines drogues précieuses et odoriférantes ; ces corps ainsi embaumés se gardaient longtemps entiers sans se pourrir. Et par lesdits Arabes ont été appelés momies, ce qui veut dire un corps mort paré de choses odoriférantes et préservatrices de pourriture. Or, en premier, Hérodote, très ancien historien grec, et après lui Diodore de Sicile, parlant de la sépulture et conduite des corps des trépassés et des pleurs et gémissements qui se faisaient sur eux chez les anciens Égyptiens, racontent que lorsqu'il décédait quelqu'un d'une famille dans une maison respectable et importante, comme un grand Seigneur ou une Dame, alors se transportaient toutes les femmes de la famille et parentage au lieu où le défunt était décédé, habillées toutes en deuil, pleurant et se lamentant. Puis, ayant laissé le corps mort en son lieu, s'en allaient par la ville comme des vagabondes, courant çà et là, étant ceintes et troussées par le milieu du corps, déplorant leur vie et misère, avec leurs mamelles et parties plus proches toutes nues et découvertes. D'un autre côté allaient les hommes, ayant pareillement la poitrine toute découverte, et ils se frappaient et battaient en détestation du décès. Cela fait, ils se transportaient par devers ceux qui étaient députés pour embaumer les corps morts, qu'on appelait *Saleurs* ou *Embaumeurs*; ceux-ci leur montraient trois figures de corps morts embaumés, peintes en un beau linceul, de diverses valeurs et estimations : l'une comme la plus riche, exquise et élaborée, valant un talent; l'autre un demi, et la tierce de vil prix et à bon marché, qui était pour le commun populaire qui leur donnait selon ses possibilités. Ayant marchandé l'une des trois effigies ou figures pour embaumer ou ensevelir, il laissait le corps mort entre leurs mains. Et lors les embaumeurs tiraient tout aussitôt, avec un fer recourbé, par les narines, toute la substance du cerveau ; puis incisaient avec une pierre aiguë et bien tranchante le ventre et en ôtaient les entrailles ; et puis lavaient tout le corps de vin dans lequel avaient bouilli plusieurs choses aromatiques. Cela fait, ils remplissaient le corps de myrrhe, d'aloès, de cinnamome, safran et autres choses odoriférantes et précieuses ; puis après le salaient et mettaient en un saloir pendant soixante-dix jours. Le temps expiré, ils le retiraient pour le faire sécher et après l'enveloppaient dans un beau drap précieux et, à nouveau, l'oignaient de certaines gommes assez communes. Après toutes ces choses, lui faisaient faire une effigie sur sa tombe et sépulcre où ils voulaient qu'il fût posé pour mémoire éternelle ; et le laissaient là pour dormir et reposer jusque (disaient-ils) au grand jour de la résurrection. Les deux autres façons d'embaumer se faisaient d'autres drogues moins précieuses et moins chères, selon l'argent versé.

Chapitre II

Strabon dit que les Juifs, pour la conservation de leurs corps, désiraient user de bitume, qui est une poix liquide qui se prend en la mer Rouge, près de Sodome.

Or c'est à peine s'il s'est trouvé une nation, si barbare fût-elle, qui n'ait embaumé les corps morts, et pas même les Scythes qui semblent avoir surpassé en barbarie le reste des hommes. Car ceux-ci, comme dit Hérodote, livre IVe de son Histoire, n'enterrent pas le corps de leur roi avant qu'ils ne l'aient mis en cire, après avoir curé et nettoyé le ventre, puis rempli de cypre concassé, d'encens, de graines de persil et d'anis, et enfin recousu.

De cette même chose les Éthiopiens se sont montrés curieux, faisant leurs sépultures de verre, de cette manière : après avoir vidé et décharné jusqu'aux os,

comme une anatomie sèche, le corps de leurs amis
défunts, ils les accoutraient et lissaient de plâtre sur
lequel ils jetaient après une peinture qui ressemblait
autant que possible au vivant ; cela fait, ils l'enfer-
maient dans une colonne de verre creux. Le corps ainsi
enchâssé apparaissait à travers le verre, sans offrir de
mauvaise odeur et sans se désagréger aucunement. Les
plus proches parents le gardaient chez eux l'espace d'un
an, en lui faisant offrandes et sacrifices, et au bout de
l'an le transportaient hors de la ville en un lieu destiné,
ainsi que nous faisons avec nos cimetières, comme
l'écrit le même Hérodote.

Chapitre III

Mais le soin et la curiosité sont entrés encore plus avant au cœur des Égyptiens que chez aucune autre nation, ce dont ils méritent louange, s'étant montrés si affectionnés à la mémoire de leurs parents que pour sa conservation, ils étaient coutumiers d'embaumer les corps tout entiers en des vaisseaux de verre diaphanes et transparents et de les placer au lieu le plus honorable de leurs maisons pour en avoir toujours la mémoire devant les yeux et leur servir d'aiguillon pour les stimuler à suivre et imiter leurs vertus afin de ne point dégénérer en suivant leur inclination naturelle. De plus, ces corps embaumés servaient de gages souverains et assurance de leur foi ; aussi, s'il advenait qu'un de ces Égyptiens eût besoin d'une grosse somme d'argent, il pouvait trouver à en emprunter chez ses voisins sur le gage d'un corps de ses parents, les prêteurs étant assurés moyennant un tel gage que le débiteur perdrait plutôt la vie que la foi, tant il avait à cœur de reprendre un tel gage. Et si par hasard le malheur voulait que l'un d'eux s'oubliât au point de ne vouloir ou de ne pas trouver le moyen de retirer son gage, il tombait en un tel déshonneur et infamie qu'il n'eût pas été bon à donner à manger aux chiens et n'aurait pas osé se montrer en public ; car on lui faisait la huée comme on fait à un loup ou un chien enragé, et il tombait de la liberté en une ignominieuse servitude comme ayant désavoué sa race et renoncé à son origine. Ce qui est témoigné par Claude Paradin, en la préface du livre qu'il a fait *des Alliances et Généalogies des Roys et Princes de la Gaule*.

Pierre Messie en ses *Diverses Leçons*, chapitre VIII, écrit que les anciens Romains avaient la coutume de brûler les corps morts et que le premier des Sénateurs qui fut brûlé après sa mort fut Sylla, et après lui plusieurs autres hommes notables et illustres ; leurs cendres étaient gardées dans des urnes ou vaisseaux de terre, puis on les posait dans les sépulcres ou tombeaux sous terre, faits en voûte.

Les Grecs avaient aussi cette manière de brûler les corps morts.

Stobée écrit que les habitants de Colchide n'enterraient point leurs morts, mais les pendaient aux arbres.

Les Scythes d'Asie se servaient pour boire de l'os du crâne de leurs parents et amis, enchâssé d'or, pour en avoir toujours la mémoire et, entre tous leurs trésors et choses précieuses, ils estimaient les dites tasses.

Chapitre IV

Bien mieux, les Égyptiens, reconnaissant cette vie être de peu de durée à côté de celle que nous avons à vivre après la séparation du corps d'avec l'âme, étaient fort négligents à bâtir des maisons pour se loger mais, au contraire, magnifiques pour édifier des pyramides devant leur servir de sépultures. Pour l'une d'elles, entreprise par Cheops, l'un de leurs rois, cent mille hommes furent employés, chacun trois mois, pendant vingt ans ; cette pyramide, de forme carrée, avait cinq stades de profondeur et huit cents pieds de large sur chaque côté, et autant de haut, chaque pierre ayant le plus ordinairement trente pieds, fort bien ouvrée, ainsi que le raconte Hérodote. Avant d'enfermer les corps dans ces superbes sépulcres, ils les portaient avec pompes magnifiques vers les saleurs ou embaumeurs (office bien salarié du peuple) qui les embaumaient de choses aromatiques et exquises, selon la volonté des parents et amis, comme nous avons dit ci-dessus ; ensuite, ils retournaient les prendre, bien lavés et nettoyés, ils les liaient de bandes faites d'un drap de soie collé avec certaines gommes. Les parents et amis prenaient le corps et lui faisaient faire un étui de bois moulé à l'effigie d'un homme, dans lequel ils le posaient. Voilà comment les Égyptiens enterraient leurs rois et princes.

D'autres mettaient dans les corps ainsi préparés une idole faite de cuivre ou de marbre, et quelquefois d'or et d'argent, qu'ils adoraient ; et ils avaient cette opinion que le corps était gardé et conservé de la putréfaction, les dieux reposant avec le corps dans le monument, et une telle superstition donnait un soulagement à leur âme. J'ai vu dans le cabinet de Thevet une petite idole de marbre, blanche, tachée de vert, qu'il affirme avoir apportée de ce pays-là et qui avait été trouvée dans un corps momifié. Ainsi voit-on comment les Égyptiens étaient cérémonieux et grands idolâtres.

Louis de Paradis, chirurgien, natif de Vitry-en-Partois, m'a dit qu'étant au Caire, il vit dix-huit ou vingt pyramides faites de briques. Entre autres, il en vit une de merveilleuse grandeur, de figure carrée, ayant en chaque face trois cents pas. Celle-là était la plus grande, appelée la pyramide du Pharaon, où sont plusieurs corps momifiés. En outre, il entra dans une de ces pyramides, où il vit plus de deux cents corps encore tout entiers qui avaient les ongles rouges. Les gens du pays ne veulent souffrir qu'on transporte aucun de ces corps, disant que les Chrétiens sont indignes de manger leurs corps morts. Si on les tire hors du pays, c'est par le moyen de quelques Juifs qui les dérobent et emballent avec leur marchandise afin qu'on ne les puisse connaître.

Le seigneur de la Popelinière, en son troisième livre *Des trois mondes*, dit que quand les Indiens du Canada meurent, c'est pitié des hurlements et plaintes que font les femmes qui content leurs louanges d'avoir bien tué et mangé des hommes qui furent leurs ennemis ; et qu'après avoir lié leurs bras et leurs pieds, elles les enveloppent de leur lit de coton et les enterrent en une fosse ronde et profonde et presque debout, avec quelques colliers et plumasserie qu'ils auront le plus aimés ; comme les Indiens du Pérou font de leurs rois et caciques, avec quantité d'or et pierres précieuses, et les Celtes anciennement, qui étaient enterrés avec le plus beau de leurs meubles et la femme qu'ils avaient le plus aimée.

Chapitre V

Émus et incités par un sentiment analogue, nos Français font embaumer le plus grand nombre des corps des rois et grands seigneurs, et dressent des figures enlevées en bosses ou en plates peintures, ressemblant autant que possible par la grandeur et par les traits au trépassé. On en trouve témoignage en l'église Saint-Denys en France et en beaucoup d'autres lieux, là où l'on voit plusieurs effigies des rois et reines et autres grands seigneurs ; ce que chrétiennement ils ont évidemment tiré tant du Nouveau Testament que de l'Ancien, et façon de faire ancienne des Juifs. Car il est dit au Nouveau Testament que Joseph acheta un linceul et que Nicodème apporta une mixtion de myrrhe et d'aloës, d'un poids d'environ cent livres, avec laquelle et autres odeurs aromatiques ils embaumèrent le corps de Jésus-Christ, comme la coutume des Juifs était d'ensevelir leurs corps embaumés, en signe de cette incorruption qu'ils espéraient en la résurrection des morts (comme nous l'avons dit). Ce que même depuis eux voulurent faire les Marie ; ce qu'ils avaient appris de leurs ancêtres. Car Joseph, dans l'Ancien Testament, commanda à ses médecins d'embaumer son père.

Comment donc expliquer qu'à présent nos rois, princes, et grands seigneurs, encore qu'ils soient vidés et lavés d'eau-de-vie et de vinaigre et saupoudrés de choses très aromatiques, n'épargnant rien pour les embaumer, néanmoins avec tout cela, en cinq ou six jours, ou moins, sentent si mauvais qu'on ne peut endurer d'être dans les lieux où ils sont et qu'on est contraint de les enfermer dans un cercueil de plomb ? Nonobstant un tel appareil et parce qu'ils ne sont pas plongés dans des saumures avec les dites choses aromatiques, ainsi qu'on le faisait anciennement, et aussi parce que la grande multitude des gens qui entrent pour les voir et le grand nombre des torches et lumières qui y brûlent jour et nuit échauffent l'air si fort que le corps n'ayant pas été imbu assez longtemps de choses qui gardent de la pourriture, il advient qu'en peu de jours s'élève une vapeur puante et cadavéreuse qui offense grandement ceux qui la sentent. Je veux donc avertir le lecteur à ce sujet car on a voulu me blâmer de n'avoir pas su bien embaumer les rois, la pourriture s'élevant peu après de leurs corps. Ma réponse était facile à faire : ils n'avaient pas été trempés et salés soixante et dix jours, comme faisaient les Anciens, dans du vinaigre et des choses aromatiques, et la faute ne procédait que de là ; on peut en effet prouver que le vinaigre garde de la pourriture d'autant mieux qu'il est sec et froid, qualités répugnant à la putréfaction comme l'expérience le démontre : on garde les herbes, fleurs, fruits, voire fort humides comme concombres, pourpier et autres choses sans qu'elles se pourrissent.

Je possède un corps en ma maison, corps qui me fut donné par le lieutenant criminel nommé Seguier, seigneur de la Verrière. Il s'agit du corps d'un condamné, exécuté en justice il y a vingt-cinq ans passés, que j'anatomisai ; je levai presque tous les muscles de la partie droite (afin d'être plus assuré dans mes œuvres, lorsque je veux faire quelque incision à un malade, en revoyant rapidement les parties), la partie gauche étant laissée en son entier. Pour mieux conserver le corps, je le piquai d'un poinçon en plusieurs endroits, afin que la liqueur pénétrât au profond des muscles et autres parties ; et l'on peut encore voir à présent les poumons entiers, cœur, diaphragme, médiastin, estomac, ratelle, reins, semblablement le poil de la barbe et d'autres parties, voire les ongles, dont j'ai nettement constaté la croissance après les avoir plusieurs fois coupés.

Chapitre VI

Par ce recueil on peut voir que les Anciens étaient fort désireux d'embaumer leurs corps, mais non avec l'intention qu'ils servissent à manger et à boire aux vivants, comme on les a fait servir jusqu'à présent ; car jamais ne pensèrent à telle vanité et abomination, ou à cause de l'opinion qu'ils avaient de la résurrection universelle, ou en raison du souvenir de leurs parents et amis décédés. Cela est confirmé par André Thevet en sa *Cosmographie* où il dit avoir été en Égypte en des cavernes longues d'un trait d'arc et de largeur assez grande dans lesquelles il y a des tombeaux. Là anciennement, étaient posés les corps morts embaumés. Il y a (dit-il) des corps ayant passé plus de deux mille ans enclos en des tombeaux de pierre, fermés et cimentés. Je laisse à penser quelle bonne viande on ferait d'en boire ou manger à présent.

On dit que la momie dont on a usé jusqu'ici est venue de là, parce qu'un mâtin de médecin juif, par brutalité, avait écrit que cette chair, ainsi confite et embaumée, servait grandement au traitement de plusieurs maladies et principalement aux chutes et aux meurtrissures pour empêcher que le sang ne coagule dans le corps. Pour cette raison, on tirait, furtivement ou pour de l'argent, les momies hors des tombeaux. Ce qui semble une chose fabuleuse, parce que les nobles, riches et anciennes maisons n'eussent jamais enduré, pour rien au monde, que les sépulcres de leurs parents et amis auxquels ils étaient tellement attachés fussent ouverts et les corps emportés hors de leur pays pour être mangés par des Chrétiens. Ils disent qu'ils ne sont pas dignes de manger leurs corps. S'il est advenu que l'on en ait emporté, il s'est agi de corps de la populace, embaumés de la seule poix asphalte, ou pisasphalte, avec laquelle on poisse les navires.

D'autres disent que la momie n'est autre chose qu'une simple chair humaine prise des corps morts trouvés dans les sables des déserts d'Arabie, dans lesquels on dit que les sables s'élèvent si haut par la violence des vents que souvent ils couvrent et étouffent les passants ; les corps morts desséchés tant par la chaleur et l'aridité des sables que par le souffle des vents se donnent et servent pour l'usage médicinal de la momie. Mattheole, suivant l'opinion commune, dit que la momie n'est autre chose qu'une liqueur desséchée sortant des corps humains aromatisés et embaumés.

Serapion et Avicenne n'ont connu d'autre momie que pisasphalte qui est une sorte d'écume provenant de la mer. Cette écume, pendant qu'elle nage et flotte sur l'eau, est molle et comme liquide ; mais peu après, étant portée par l'impétuosité des vagues aux rivages et arrêtée entre les rochers et cailloux, elle se dessèche et devient plus dure que la poix sèche, comme l'a écrit Dioscoride, livre I, chapitre 84.

D'autres pensent que la momie se fait et façonne en notre France et que l'on dérobe de nuit les corps des gibets, puis qu'on les cure, ôtant le cerveau et les entrailles, qu'ensuite on les trempe dans de la poix noire ; qu'après on les vend pour de la vraie et bonne momie, disant l'avoir achetée de marchands portugais l'ayant apportée d'Égypte. Celui qui voudra rechercher, comme je l'ai fait, chez les apothicaires, trouvera des membres et portions de corps morts, voire des corps entiers, embaumés de poix noire et sentant une odeur cadavéreuse. Néanmoins, je crois qu'ils sont aussi bons que ceux qu'on apporte d'Égypte, parce que tout cela ne vaut rien.

Chapitre VII

Naguère devisant avec Gui de La Fontaine, médecin célèbre du roi de Navarre et sachant qu'il avait voyagé en Égypte et en Barbarie, je le priai de me communiquer ce qu'il avait appris de la licorne et de la momie. Il me dit que la licorne était seulement l'objet de vains bavardages et qu'il ne savait en discourir. Quant à la momie, étant l'an mil cinq cent soixante quatre en la ville d'Alexandrie d'Égypte, il avait entendu dire qu'un Juif en faisait grand trafic ; allant dans sa maison, il le supplia de lui montrer les corps momifiés. Ce qu'il fit volontiers et lui ouvrit un magasin dans lequel il y avait plusieurs corps entassés les uns sur les autres. Le médecin priant alors le Juif de lui dire où il avait trouvé ces corps et s'ils se trouvaient, comme l'avaient écrit les Anciens, dans les sépulcres du pays, le Juif, en se moquant de cette imposture, se prit à rire, lui affirmant qu'il n'y avait pas quatre ans qu'étaient là les corps qu'il voyait (au nombre de trente ou quarante) ; il les préparait lui-même et c'étaient des corps d'esclaves ou d'autres personnes. La Fontaine lui demandant encore de quelle nation ils étaient et s'ils n'étaient pas morts de mauvaise maladie, comme de lèpre, vérole ou peste, il lui répondit qu'il ne se souciait pas de leur origine, ni de quoi ils étaient morts, s'ils étaient vieux ou jeunes, mâles ou femelles, pourvu qu'il en eût ; on ne pouvait les distinguer quand ils étaient embaumés. Il lui dit encore qu'il s'émerveillait grandement comme les Chrétiens étaient friands de manger le corps des morts. La Fontaine lui demandant la façon dont il les embaumait, il dit qu'il vidait le cerveau et les entrailles et faisait de grandes incisions au profond des muscles et qu'après il les remplissait de poix de Judée, appelée asphaltite ; il prenait de vieux linges trempés en cette liqueur et les posait dans les incisions, puis bandait chaque partie séparément. Après cela, il enveloppait tout le corps d'un drap trempé également dans la même liqueur ; ainsi accoutrés, il les mettait en certains lieux où il les laissait pour confire deux ou trois mois.

Finalement, ledit de La Fontaine disant que les Chrétiens étaient donc bien trompés lorsqu'ils croyaient que les corps momifiés étaient tirés des sépulcres anciens des Juifs, le Juif lui répondit qu'il était impossible que l'Égypte eût pu fournir tant de milliers de corps qui ont été enlevés depuis que l'usage de l'embaumement a existé. Aujourd'hui il ne s'observe plus ; la région est seulement habitée par des Turcs, des Juifs et des Chrétiens qui ne pratiquent point l'embaumement comme du temps des rois d'Égypte.

Chapitre VIII

Par ce discours du Juif on voit comment on nous fait avaler indiscrètement et brutalement la charogne puante et infecte des pendus ou de la plus vile canaille de la populace d'Égypte, ou de vérolés, ou pestiférés, ou ladres, comme s'il n'y avait d'autre moyen de sauver un homme tombé de haut, contus et meurtri, sinon en lui ingérant un autre homme dans le corps et s'il n'y avait d'autre moyen de recouvrer la santé sinon que par une plus que brutale inhumanité. Si, en ce remède, il y avait une certaine efficacité, il y aurait vraiment quelque prétexte d'excuse, mais le fait est tel que cette méchante drogue non seulement ne profite pas aux malades, ainsi que je l'ai plusieurs fois vu par expérience, mais encore leur cause une grande douleur à l'estomac avec puanteur de bouche et grand vomissement, ce qui émeut plutôt le sang et le fait davantage sortir de ses vaisseaux que ne l'arrête. Les pêcheurs usent d'appâts puants pour attirer les poissons ; pour cela, ils usent de momie, parce qu'elle est fort puante. Thevet dit l'avoir expérimenté lui-même, en ayant quelquefois pris en Égypte à l'instigation d'un Juif nommé Idère. Pour cette raison, je déclare ne jamais en ordonner, ni permettre à quelqu'un d'en prendre, s'il m'est possible.

Quoi, dira quelqu'un, que fera-t-on donc pour empêcher que le sang ne se coagule dans le corps de ceux qui seront tombés ou auront reçu des meurtrissures de pierre, de bâton ou de quelque autre chose lourde et pesante, ou se seront violemment heurtés contre quelque chose de dur, ou qui auront subi une grande extension, comme ceux que l'on tire dans le supplice de la question, ou qui ont beaucoup crié, ce qui peut rompre quelque vaisseau du poumon, ou qui ont reçu un coup d'arquebuse ou d'épée ou autre instrument semblable ; et, pour le dire en un mot, toutes choses qui peuvent inciser, contondre et meurtrir, casser, rompre, non seulement les parties molles mais aussi les os et faire sortir le sang hors des veines et artères et aussi, parce qu'elles sont pressées, exprimées, rompues et dilacérées, parfois par la verge, le siège et par la bouche, ce que j'ai vu plusieurs fois.

En tout ceci, il faut suivre la doctrine des Anciens, comme Hippocrate en la seconde section *des Fractures*, qui dit qu'en toutes les grandes contusions il faut saigner ou purger, ou faire les deux ensemble, afin de retirer le sang afin qu'il ne s'amasse pas aux parties intérieures et pour l'évacuer quand il y a plénitude. Pareillement Galien, sur la sentence 62 de la troisième section du livre *des Articles*, dit que si quelqu'un est tombé de haut, sauf s'il n'a pas assez de sang, il faut lui en tirer. Ainsi le chirurgien ne manquera pas de tirer du sang selon la grandeur du mal, la plénitude et force du malade.

Ayant fait cela, on lui donnera à boire de l'oxycrat, par le commandement du même Galien, livre 5 *de la Méthode*, chapitre v, qui a faculté de réfrigérer, restreindre et inciser les caillots de sang et de l'empêcher de coaguler tant à l'intérieur qu'à l'extérieur. Mais il ne faut pas donner à boire à ceux qui ont des ulcères aux poumons et qui ont l'estomac plein de viandes. Au lieu d'oxycrat, on fera prendre au malade de la rhubarbe, qui est ordonnée par Rhasis et Mésué.

L'eau de noix vertes tirée par l'alambic est aussi fort louée, donnée à boire en quantité d'une ou deux onces ; elle a la grandissime vertu de dissoudre le sang caillé tombé dans le corps. Je souhaiterais voir les apothicaires aussi désireux d'en être fournis qu'ils l'ont été et le sont encore d'avoir de la momie, et qu'ils la vendent le quadruple, ce serait mieux pour les malades. J'espère qu'après avoir entendu par cet écrit la bonne drogue qu'est la momie ils n'en voudront plus tenir dans leurs boutiques ou n'en vendront plus qu'aux pêcheurs pour prendre les poissons.

Pour revenir à notre propos, après avoir baillé au malade les potions susdites, il le faut envelopper dans la peau d'un mouton ou d'un veau fraîchement écorché, sur laquelle sera répandue de la poudre de myrrhe ; puis on le posera dedans un lit chaudement, il sera bien couvert et suera tout à son aise, sans toutefois dormir de quatre ou cinq heures, afin que le sang ne se retire pas au-dedans du corps ; et le lendemain on lui ôtera la peau et sera oint d'un liniment ayant puissance de réduire la douleur et de résoudre le sang meurtri.

Si le malade ne peut avoir de telles commodités, il le faut mettre dans de la fiente, mais avec dessus un peu de foin ou paille blanche, puis l'envelopper en un drap et le couvrir jusqu'à la gorge et l'y faire tenir jusqu'à ce qu'il ait bien sué.

De plus, il est nécessaire que les malades aient un bon régime, ne boivent pas de vin de sept jours, mais seulement de l'hydromel ou oxymel ou hypocras d'eau. Si le mal est grand, de sorte que le malade soit tant meurtri qu'il ne puisse remuer les membres, on lui donnera une potion sudorifique et on le baignera dans une eau où on aura fait bouillir des herbes et principalement les semences que l'on trouve sous le foin qui ont la grande vertu de dissoudre le sang meurtri, tant des parties intérieures qu'extérieures. Toutefois, s'il y avait fièvre, il ne faudrait pas le mettre au bain, mais je serais d'avis qu'on appelle un docte médecin.

Chapitre IX

Le septième jour de juin 1582, le fils de Mathurin le Beau, marchand bonnetier demeurant rue Saint-Denis, à l'enseigne de la Couronne d'argent, âgé de vingt-six mois, étant au milieu de la rue, un coche chargé de cinq gentilshommes le renversa et la roue de devant passa au travers du corps de l'enfant. Le peuple criant au cocher qu'il arrêtât ses chevaux, il les fit reculer en arrière et la roue repassa encore une fois par-dessus le corps de l'enfant. Il fut porté en la maison de son père et on pensait qu'il était mort et tout éventré. Je fus aussitôt envoyé chercher pour panser l'enfant que je visitai exactement. Je ne trouvai aucune fracture ni luxation en aucun endroit de son corps. J'envoyai quérir à la porte de Paris un mouton que je fis écorcher et, après avoir frotté le corps de l'enfant d'huile rosat et de myrtille, je l'enveloppai nu dans la peau du mouton tout chaud, puis je lui fis boire de l'oxycrat au lieu de momie, pour éviter que le sang ne se coagule dans le corps. Je dis à la mère de l'empêcher de dormir le plus qu'elle pourrait, et au moins quatre ou cinq heures, afin d'empêcher le sang de s'amasser aux parties intérieures du corps (ce qu'elle fit). En outre, je lui appliquai des fomentations d'herbes résolutives et emplâtres propres aux contusions, pour résoudre le sang meurtri. Trois ou quatre jours après, apercevant que l'enfant ne pouvait se tenir debout et encore moins marcher, je fis appeler M. Pietre, docteur Régent en la Faculté de médecine, homme d'excellent savoir, qui lui ordonna une petite médecine parce qu'il avait le ventre fort constipé ; craignant que la rétention des excréments ne procédât pour la lésion de l'épine et les nerfs qui lâchent ou retiennent les excréments. Ainsi poursuivant la cure jusqu'à la fin, l'enfant fut tout à fait guéri, grâces à Dieu, et il chemine comme il faisait avant qu'il fut blessé.

Si l'on demande comment la roue du coche chargé de cinq hommes a pu passer au travers du corps de l'enfant sans avoir rompu les côtes et les vertèbres, je répondrai que les côtes, et principalement les fausses, sont cartilagineuses et mollasses, en particulier chez les jeunes enfants et peuvent donc grandement ployer sans être rompues. Cette présente histoire pourra encore servir au jeune chirurgien, pour agir de même, ou mieux s'il le peut, devant des blessures semblables.

Voilà comment les anciens médecins commandent de traiter ceux qui sont tombés de haut, ou ont été frappés, contus et meurtris, pour obvier que le sang ne se coagule, ou caillebotte, ou se pourrisse, tant aux parties intérieures qu'extérieures ; ces médecins n'ont jamais parlé ni ordonné à manger ni à boire de la momie et chair de corps morts. Partant nous la renverrons en Égypte, comme nous ferons de la licorne aux déserts inaccessibles.

Discours de la Licorne

Chapitre premier

Introduction de l'auteur :
description de la licorne

Parce que plusieurs s'estiment bien assurés et munis contre la peste, et toutes sortes de poisons et venins, par le moyen de la corne de licorne ou monocéros, prise en poudre ou en infusion, j'ai pensé faire chose agréable et profitable au public, si par ce discours j'examine cette opinion tant invétérée et toutefois fort incertaine.

Premièrement on entend par ce mot de licorne, une bête naissante en fort lointain pays, ayant une seule corne au front, qui est prise comme chose miraculeuse contre tous venins, et fort estimée des Rois, Princes, et grands Seigneurs, et même du vulgaire. Les Grecs l'appellent *Monocéros*, et les Latins *Unicornis*. Et de pouvoir dire et assurer à la vérité quelle est cette bête, il est fort difficile, même que aucuns doutent que ce ne soit une chose fausse, et controuvée par le vulgaire, laquelle avec le temps soit venue en opinion ; et que quelqu'un en peut avoir écrit, soit par simplicité ou délectation, voulant emplir ses livres de choses merveilleuses et extravagantes, se souciant bien peu si elles étaient vraies ou fausses. De fait la description de ladite licorne porte avec soi un doute manifeste, vu que les uns disent que c'est une bête inconnue et étrange, et qu'elle naît aux Indes, les autres en Éthiopie, les autres ès Terres-Neuves, les autres ès déserts ; dont on peut conjecturer (comme dit André Marin, médecin très docte de Venise, au livre qu'il a fait *De la fausse opinion de la licorne*) que ce peu de connaissance que l'on en a eu jusques à présent en notre Europe, comme d'une chose étrange, a été donnée par gens barbares, lesquels, comme il appert, n'ont pu dire autre chose sinon qu'elle naît ès déserts, et qu'elle est solitaire, et hante les lieux inaccessibles et partant que c'est une chose qui se voit fort rarement. Qui démontre assez que ces gens-là n'en savent rien au vrai, et qu'ils n'en parlent que par opinion et par ouï-dire.

Chapitre II

Variétés d'opinions touchant la description de la licorne

Davantage les auteurs qui en ont écrit du commencement étaient fort peu renommés, et n'en faisait-on pas grand cas. Car le premier qui en a écrit (comme on peut voir en Pline au livre VIII, chapitre XXI) fut Ctesias, duquel Aristote, en son livre VIII de son Histoire des Animaux, chapitre XXVIII, parle comme d'un auteur peu croyable. Or, touchant Aelian, il semble qu'il en doit avoir parlé à la vérité comme ne faisant profession que de parler des animaux, et toutefois l'on voit qu'il est en doute, en parlant toujours en ces termes : *On dit, ils disent, on entend.* Et ce parce que tous les auteurs qui en ont écrit jusques à présent en ont tous parlé diversement. De fait que comme ils sont différents en la description des lieux où naît ladite licorne, ainsi sont-ils de la forme d'icelle. Les uns disent qu'elle ressemble à un cheval, les autres à un âne, les autres à un cerf, les autres à un éléphant, autres à un rhinocéros, autres à un lévrier d'attache. Bref, chacun en dit ce qu'il en a ouï dire, ou ce qu'il lui plaît de controuver. Les uns en font deux espèces, les autres trois. Il y en a qui disent qu'elle a la corne du pied entière comme celle d'un cheval, autres fendue comme celle d'une chèvre, autres comme d'un éléphant, comme Pline et Aelian. Or, lesdits auteurs ne discordent pas seulement pour le regard des lieux de la naissance, ni de la forme de ladite licorne, mais aussi en la description de la corne d'icelle. Car les uns la figurent noire, les autres de bay obscur, et qu'elle est blanche en bas et noire en haut. Un autre dit que vers le haut elle tire sur le pourpre, un autre qu'elle est polie, et d'autres que depuis le haut jusques en bas elle est rayée tout à l'entour, comme une coquille de limaçon, par un artifice très beau. Plus, les uns la décrivent moins large, les autres plus longue. Conclusion, tous diffèrent, tant les anciens que les modernes ; même ils se sont trouvés confus en l'expérience de plusieurs cornes prétendues de licornes, qui se trouvent ès trésors des Rois et Princes chrétiens, en ce que lesdites cornes ne se sont trouvées toutes propres à un même usage ; mais en certaines choses ils ont trouvé vrai ce qu'en ont dit les anciens. et en beaucoup d'autres, non.

Et ce qui en fait douter davantage, ce sont les promesses excessives et effroyables que quelques-uns mettent en avant de cette corne contre la peste, le spasme, mal caduc, la fièvre quarte, la morsure des chiens enragés, vipères et piqûres de scorpions, et contre tous venins. Et pour le faire croire aux Princes, ils disent qu'il n'est besoin en prendre par la bouche, comme l'on fait de la thériaque et autres alexitères préservatifs, mais qu'il suffit que cette corne soit tenue seulement à l'opposite du lieu où sera le venin, et que subit le venin se découvre. Et pour faire croire ces miracles, ils se veulent prévaloir de quelques témoignages des anciens, que les Rois d'Indie faisaient faire des tasses de certaines cornes, où personne qu'eux ne buvait et que par ce moyen ils s'assuraient d'être exempts de toutes maladies incurables : et que le jour qu'ils avaient bu dans ces tasses, ils ne devaient craindre aucun venin, ni autres adversités. Bref, une infinité d'autres promesses impossibles, lesquelles d'autant qu'elles excèdent toute créance humaine, d'autant donnent-elles occasion à ceux qui ont quelque peu d'esprit de tenir pour faux tout le reste qui en a été dit et écrit.

Chapitre III

Quelques-uns pourraient penser, vu la conformité de ces deux noms, *Rhinocéros* et *Monocéros*, c'est-à-dire Licorne, que ce fût tout un. Mais si cela était vrai, il n'y aurait déjà plus de doute qu'il ne fût des licornes ; d'autant qu'il est tout certain que le rhinocéros a été vu plusieurs fois aux spectacles publics des Romains. Que si c'est un autre animal différent, comme il est à présupposer, il sourd une autre difficulté plus grande. Car parmi tant d'animaux que l'on menait de toutes les parties du monde ès merveilleux spectacles de Rome, il ne se trouve point que l'on ait jamais vu une seule licorne. Et quand l'amphithéâtre de Dioclétien fut dédié, l'on y mena pareillement de tous côtés un bien grand nombre d'animaux fort étranges, et ne lit-on point qu'il se soit fait jamais une plus grande recherche qu'au temps de Gordian. Car voulant triompher des Perses, et célébrer la fête séculière pour cette année glorieuse, qui était mille ans après l'édification de Rome, que Philippe premier, Empereur chrétien son successeur, a depuis encore célébrée, il y fit conduire des ours, des lions, de grands cerfs, des rhinocéros, taureaux sauvages, sangliers, chameaux, éléphants, tigres, élans, porcs-épics, civettes, crocodiles, chevaux sauvages et marins appelés hippopotames, et autres innumérables animaux cruels et farouches, dont la plupart se trouvent ès déserts de l'Égypte, et ès îles lointaines : entre lesquels fut grand merveille que la licorne ne fût point amenée avec les autres animaux. Quand Gordian voulut triompher des Perses, la licorne, n'y était, et ne précédait tous les animaux à cause de sa rareté, si elle se trouve, comme l'on dit, en ces côtés-là ; qui me fait croire que la licorne se trouve bien rarement. Et semble, à voir cette variété d'opinions entre les auteurs qui en ont écrit, attendu aussi les promesses excessives et incroyables (comme a été dit) de Aelian et autres, que ce soit une chose fabuleuse.

Cet argument aussi pris des triomphes des Empereurs, serait par moi mal conduit, et ne conclurait pas, s'il n'était prouvé, comme je fais après au septième chapitre de ce traité, par l'autorité de Pausanias, que Monocéros et Rhinocéros sont divers animaux. Par quoi ce serait alléguer faux contre moi, qu'il y eût des licornes en ces triomphes, pour ce qu'on y vit des rhinocéros, qui sont autres animaux que la licorne : vu que le rhinocéros a deux cornes, l'une au nez et l'autre sur le dos, au dire de Pausanias : et la licorne n'en a qu'une comme montre le nom Monocéros.

Chapitre IV

Aucuns sont d'opinion que la corne que l'on montre pour corne de licorne, est une dent de rohart, qui est un poisson de mer. Autres disent que l'on ne peut jamais prendre vive la licorne : d'autres disent en avoir vu une troupe, comme l'on voit ici les moutons. Partant ces choses considérées, le lecteur en croira ce qu'il voudra. Et quant à moi, je crois que la licorne n'a encore été découverte, ou pour le moins bien rarement, et que ce n'est qu'une imposture de vendre tant de cornes de licorne que l'on fait accroire, comme l'on en peut tirer de grandes conjectures de ce que je dirai ci-après.

Aenéas Silvius Picolomini, qui a été depuis Pape Pie second, en son livre *De l'Asie*, chapitre x, écrit de l'autorité d'un Nicolas Vénétien, que vers la fin d'Asie, en une province nommée Marcino, entre les montagnes de l'Indie et de Cathay, il se trouve un animal qui a la tête comme un porc, la queue comme un bœuf, de couleur et grandeur d'un éléphant, avec lequel il a une perpétuelle inimitié, portant une seule corne au front d'une coudée de long, laquelle est fort prisée en ces régions-là, pour être (comme ils disent) bonne contre tous les venins.

Marc Paul Vénétien en témoigne de même, lequel a demeuré longtemps au service du grand Cham de Tartarie, où il a fait plusieurs voyages lointains en Indie : et entre les autres choses dignes de mémoire, il écrit qu'au royaume de Basine, où les gens sont du tout barbares et brutaux, la licorne se trouve, qui est une bête sans proportion peu moindre qu'un éléphant, ayant la tête semblable à un pourceau, et si pesante, que toujours la tient basse et courbée. Elle aime à demeurer en la fange, ayant une seule corne au milieu du front, de couleur noire, et longue de deux coudées.

Aloysius Cadamustus, en sa Navigation, chapitre v, dit qu'en une certaine région des terres neuves l'on trouve des licornes, que l'on prend vives.

Louis de Berthame, espagnol, en son Voyage d'Éthiopie et mer Rouge, décrit avoir vu en la Mecque, cité principale de l'Arabie, dedans le sérail du Roi, deux licornes, l'une semblable à un cheval de trente mois, et l'autre à un poulain d'un an, ayant chacune une corne au front, l'une de trois brassées de long, et l'autre de deux, ayant la couleur d'un cheval bai, la tête de cerf, le col court, peu de crins, les jambes menues, l'ongle fendu comme une chèvre.

Pline dit que la corne de licorne est noire, solide, et non creuse par le dedans. Solinus et certains autres auteurs la décrivent de couleur de pourpre, et non noire.

Or pour le désir que j'ai toujours eu de savoir la vérité touchant ce que l'on pourrait souhaiter de la licorne, sachant que Louis Paradis, chirurgien natif de Vitry-en-Partois, à présent demeurant en cette ville de Paris, avait longtemps voyagé, je le priai de me dire s'il n'avait point vu de licornes. Il me dit qu'il en avait vu une en Alexandrie d'Égypte, et un éléphant au logis du gouverneur de la ville, que le prêtre Jean envoyait au Grand-Seigneur, de grandeur d'un grand lévrier d'attache, non si grêle par le corps. Son poil était de couleur de castor, fort lissé, le col grêle, petites oreilles, une corne entre les deux oreilles fort lissée, de couleur obscure, basanée, de longueur d'un pied de Roi seulement, la tête courte et sèche, le mufle rond, quasi semblable à celui d'un veau, les yeux assez grands, ayant un regard fort farouche, les jambes sèches, les pieds fendus comme une biche, la queue ronde et courte comme celle d'un cerf. Elle était toute d'une même couleur, fors un pied de devant, qui était de couleur jaune. Son manger était de lentilles, pois, fèves, mais principalement de cannes de sucre. Ce fut au mois d'avril mil cinq cent soixante et treize. Il s'enquit par un truchement de ceux qui avaient amené ladite licorne, s'il y avait beaucoup de pareils animaux en cette province. On lui fit réponse qu'oui, et que c'était un animal fort curieux et très difficile à prendre, principalement lorsqu'il est en rut, et que les habitants du pays le craignent plus que nul autre animal féroce. Ledit Paradis affirme qu'ils lui montrèrent un fragment de corne de licorne, qui était comme de couleur du dedans d'une pièce de rhubarbe fraîchement rompue.

Albert écrit avoir vu une corne de licorne, et même manié de sa main propre, large en sa base d'une palme et demie, et en diamètre large de dix pieds, sans aucune raie, et au demeurant semblable à une corne de cerf. Et par la proportion de cette longueur et grosseur, si nous considérons la grandeur de la tête qui doit produire et soutenir une si démesurée corne, et venant par là à conjecturer quel doit être tout le corps, nous serons contraints de confesser que cet animal doit être aussi grand qu'un navire, et non comme un éléphant. Quant à moi, je crois que cette corne doit être quelque corne, os, ou arête de quelque monstre marin merveilleusement grand.

Munster, lequel (comme dit Mathiole) n'a jamais vu de licornes qu'en peintures, dit icelles être semblables, non à un cheval, mais à un poulain de trois mois, ayant les pieds non semblables à ceux d'un éléphant, mais fendus comme ceux d'une chèvre ; au reste, portant une corne élevée au front, noire et longue de deux ou trois coudées. Quant à la bête, elle est de couleur d'une belette, ayant la tête comme un cerf, le col non pas fort long, et garni d'un peu de crins, pendant seulement d'un côté : les jambes grêles et minces, les cuisses héronnières, fort couvertes de poil. Toutefois Cardan, contredisant à tous deux, dit cette bête porter au milieu du front une corne longue non de deux ou trois coudées, mais de deux ou trois doigts seulement.

André Thevet en sa *Cosmographie*, de l'autorité et

récit d'un Sangiac, seigneur turc, fait mention d'une licorne vue par ledit seigneur, grande comme un taureau de cinq ou six mois, portant une seule corne droit au sommet de la tête, et non au front, ainsi que l'on dit des autres, ayant les pieds et jambes peu différents des ânes de notre Europe, mais le poil long, et les oreilles semblables à celles d'un rangifère.

Garcias ab Horto, médecin fort célèbre du vice-roi d'Indie, dit qu'au promontoire du Cap de Bonne-Espérance, l'on a vu un animal terrestre, lequel aussi se plaisait d'être dedans la mer ayant la tête et la perruque d'un cheval, et une corne longue de deux palmes, qui est mobile, laquelle il tourne à son plaisir, tantôt à dextre, tantôt à senestre, en haut et en bas. Cet animal, dit-il, combat contre les éléphants très cruellement. La corne d'icelui est fort recommandée contre les venins.

Du Camphur, animal amphibie.

André Thevet, en sa *Cosmographie*, dit qu'il s'en trouve un autre en Éthiopie presque semblable, nommé *Camphur*, en l'île de Moluques, qui est amphibie, c'est-à-dire vivant en l'eau et en la terre, comme le crocodile.

Cette bête est de grandeur d'une biche, ayant une corne au front, mobile, de longueur de trois pieds et demi, de grosseur comme les bras d'un homme, plein de poil autour du col, tirant à la couleur grisâtre. Elle a deux pattes comme celles d'une oie, qui lui servent à nager, et les autres deux pieds de devant comme ceux d'un cerf ou biche : et vit de poisson. Il y en a quelques-uns qui se sont persuadés que c'était une espèce de licorne, et que sa corne est fort riche et excellente contre les venins.

Or, il y a plusieurs autres animaux marins qui n'ont qu'une seule corne, et beaucoup d'autres animaux terrestres : car on a vu des chevaux, chèvres et daims, pareillement des taureaux, vaches, et ânes, avoir une seule corne. Par quoi Monocéros ou Unicorne est un nom qui convient à tout animal qui n'a qu'une seule corne. Or, considérant la variété des écrivains, et des cornes qui sont toutes différentes les unes des autres, l'on peut croire véritablement qu'elles sont de diverses bêtes engendrées en la mer et en diverses contrées de la terre. Et pour la renommée des vertus qu'on attribue à la licorne, chacune nation se plaît à lui donner le nom de licorne.

Chapitre V

Idatz Aga, orateur de Soliman, atteste avoir vu en l'Arabie déserte, des licornes courant çà et là à grands troupeaux. Quant à moi, je crois que c'étaient plutôt des daims ou chèvres de ce pays-là, et non des licornes.

Philostrate en la vie d'Apollonius Tyaneus, chapitre premier, livre III, dit qu'aux marais voisins du fleuve Phasis se trouvent des ânes sauvages, portant une corne au front, avec laquelle ils combattent furieusement comme taureaux : de laquelle corne des Indiens font des tasses qui garantissent l'homme de toute sorte de maladie le jour qu'il y a bu, et s'il est blessé ce jour-là, il ne sent aucune douleur, Davantage, il peut passer par le travers d'un feu sans se brûler seulement. Même, il n'y a ni venin ni poison bu, ou autrement pris qui lui puisse nuire : et que pour cette cause il n'y a que les rois qui boivent dans les dites tasses : de fait que la chasse aux susdits ânes n'est permise qu'aux rois du pays : et dont on dit qu'Apollonius, philosophe grave, regarda curieusement cette bête sauvage et avec grande admiration considéra sa nature. Quoi voyant Damis lui demanda s'il croyait ce qu'on disait de la vertu des dites tasses : «Je le croirai, dit-il, quand j'entendrai que le roi de ce pays sera immortel. » Réponse que je délibère dorénavant faire à tous ceux qui me demanderont si je crois ce que l'on dit des vertus de la corne de licorne.

Chapitre VI

Discours des auteurs touchant le naturel de la licorne

Moindre n'est la contrariété des auteurs touchant le naturel de la dite licorne. Car Pline, au lieu ci-dessus allégué, la dit être la plus furieuse de toutes les bêtes, même qu'elle hurle fort hideusement, et que jamais on ne la prend vive. Cardan la dit pareillement être fort cruelle, comme naissant ès lieux déserts d'Éthiopie, en terre orde, et entre les crapauds et bêtes venimeuses.

Gesnerus dit que le roi d'Éthiopie, en l'épître hébraïque qu'il a écrite au pontife de Rome, dit que le lion craint infiniment la licorne, et que, quand il la voit, il se retire vers quelque gros arbre, et se cache derrière le dit arbre. Lors la licorne, le voulant frapper, fiche sa corne bien avant dans l'arbre, et demeure là, prise. Et lors le lion la tue : toutefois, il advient aucunes fois autrement.

Autres au contraire la disent fort douce, bénigne, et d'une mignotise la plus grande du monde, pourvu qu'on ne l'offense point. Louis de Barthame, en ses navigations ci-dessus alléguées, est de cette opinion, niant les licornes être cruelles, comme en ayant vu deux envoyées d'Éthiopie au Soudan, qui les faisait nourrir en la Mecque, ville de l'Arabie heureuse (où est le sépulcre de Mahomet), enfermées en certains treillis, qui n'étaient nullement farouches. Thevet dit avoir voyagé en ces régions-là, et s'être enquis diligemment des habitants : n'avoir toutefois jamais su rencontrer homme qui en eût vu, ou qui eût pu rapporter quelque certitude de la figure et nature de cette bête.

Otho dit avoir vu et manié à Rome, au magasin du trésor des Papes, une corne de licorne qui était luisante et polie comme ivoire, et qu'il fut fort émerveillé de la voir si petite, se prenant à rire, vu qu'elle n'avait à grand-peine que deux palmes de longueur ; on lui dit que par le trop grand et fréquent usage de l'avoir maniée, elle était devenue ainsi petite.

Il y en a aussi qui est gardée par grande singularité dans le chœur du grand temple de Strasbourg, laquelle est de longueur de sept pieds et demi ; encore l'on a coupé furtivement le bout de la pointe, laquelle, sans cela serait encore plus longue. Elle est par le bas de la grosseur d'un bras, et va en tortillant comme un cierge qui est tors, et s'étend vers la pointe en forme de pyramide, étant de couleur noirâtre par dehors, comme un blanc sali pour avoir été manié : et par dedans, elle est blanche comme ivoire, ayant un trou au milieu comme pour mettre le petit doigt, qui va tout au long.

Les cornes qui se montrent aux fêtes solennelles publiquement à Venise, au temple de Saint-Marc, différent de celle-là en grandeur, couleur, et figure, tellement qu'il n'y a nulle conformité entre elles.

Pareillement en l'église de Saint-Denis en France, il y a, à ce qu'on dit, une corne de licorne qui en grosseur, longueur, et figure, se rapporte aucunement à celle de Strasbourg.

Or, si les dites cornes ne sont de vraies licornes, de quelles bêtes sont-elles ? dira quelqu'un. Thevet a opinion que telles cornes ne sont que dents d'éléphants, ainsi cernelées et mises en œuvre : Car ainsi, dit-il, les déniaiseurs qui se trouvent en Levant, vendent les rouelles des dents de rohart pour cornes de licornes, les creusent et allongent à leur aise. Et à la vérité cette corne de licorne, étant brûlée, rend et respire semblable odeur que l'ivoire. Et afin que cette façon de contrefaire ne semble impossible, Cardan dit que les dents des éléphants se peuvent étendre et amollir comme les cornes de bœuf.

Louis de Paradis, chirurgien natif de Vitry-en-Partois, duquel j'ai fait mention ci-devant, dit avoir vu en Alexandrie d'Égypte deux aiguilles, appelées, les aiguilles de César, hautes et grandes à merveille, néanmoins chacune toute d'une pièce : et tient-on pour vrai qu'elles sont de pierres fondues. Hors la dite ville environ huit cents pas, il y a une colonne, qui s'appelle la colonne de Pompée, de merveilleuse grosseur et hauteur, tellement que c'est tout ce que peut faire le plus fort homme de jeter une pierre sur le sommet d'icelle. La grosseur est telle que cinq hommes, ayant les bras étendus, ne la pourraient entourer : néanmoins on dit qu'elle est tout d'une pièce, et de diverses couleurs de pierres, comme noire, grise, blanche, incarnate, et, dit-on qu'elle est aussi de pierres fondues. Que si ainsi est que de telle manière on ait pu construire les dites aiguilles et colonne, qui empêchera qu'on ne puisse contrefaire les cornes de licornes ?

Figure d'un Éléphant

Chapitre VII

Description du rhinocéros

Pausanias écrit que le rhinocéros a deux cornes, et non une seule : l'une sur le nez, assez grande, de couleur noire, et de grosseur et de longueur de celle d'un buffle, non toutefois creuse dedans, ni tortue, mais toute solide, et fort pesante : l'autre lui sort en haut de l'épaule, assez petite, mais fort aiguë. Par cela apparaît que ce ne peut être la licorne, laquelle n'en doit avoir qu'une, comme testifie son nom Monocéros. On dit qu'il ressemble à l'éléphant, et quasi de la même stature, sinon qu'il a les jambes plus courtes, et les ongles des pieds fendus, la tête comme un pourceau, le corps armé d'un cuir écaillé et très dur, comme celui du crocodile, ressemblant aux bardes d'un cheval guerrier,

Festus dit que quelques-uns pensent que ce serait un bœuf sauvage d'Égypte.

FIGURE DU RHINOCÉROS ARMÉ DE TOUTES PIÈCES

Chapitre VIII

André Baccy dit qu'il y a des médecins portugais, qui ont demeuré longtemps ès terres neuves pour rechercher les choses rares et précieuses, lesquels affirment qu'ils n'ont jamais pu découvrir de la licorne, sinon que les gens du pays disent que c'est seulement une corne de rhinocéros, et qu'elle est tenue au lieu de licorne, et comme préservatif contre tous venins.

Toutefois Pline écrit, particulièrement en son livre VIII, chapitre XX, que le rhinocéros est une espèce d'animal cruel, différent de la licorne, et dit que du temps de Pompée le Grand il fut vu un rhinocéros qui avait une corne sur le nez. Or, le rhinocéros étant merveilleusement ennemi de l'éléphant, il aiguise sa corne contre un rocher, et se met en bataille contre lui valeureusement, comme un taureau, et demeure vain-

FIGURE DU COMBAT DU RHINOCÉROS
CONTRE L'ÉLÉPHANT

queur, et tue l'éléphant ; duquel combat Salluste Du Bartas, en son sixième livre de *la Semaine,* fait mention par ces vers :

> *Mais cet esprit subtil, ni cet énorme corps*
> *Ne se peut garantir des cauteleux efforts*
> *Du fin rhinocéros, qui n'entre onc en bataille*
> *Conduit d'aveugle rage : ains plustôt qu'il assaille*
> *L'adversaire Éléphant, affile contre un roc*
> *De son armé museau le dangereux estoc :*
> *Puis, venant au combat, ne tire à l'aventure*
> *La roideur de ses coups sur sa cuirasse dure :*
> *Ains choisit, provident, sous le ventre une peau,*
> *Qui seule craint le fil de l'aiguisé couteau.*

Chapitre IX

Du taureau de la Floride

Il se trouve ès Indes plusieurs sortes d'animaux ayant une seule corne, comme vaches et taureaux, chevaux, ânes, chèvres, daims, monocéros : autres ayant deux cornes et plus. Et pour la renommée des vertus que l'on attribue à la licorne, il est vraisemblable que chaque nation se plaît à lui donner le nom de Licorne, comme avons dit ci-dessus.

Thevet, tome II, livre XXIII, chapitre II, dit qu'en la Floride se trouvent de grands taureaux que les sauvages appellent *Butrol*, qui ont les cornes seulement longues d'un pied, ayant sur le dos une tumeur ou bosse comme d'un chameau, le poil long par dessus le dos, de couleur fauve, la queue comme celle d'un lion. Cet animal est des plus farouches qu'on sache trouver, à cause de quoi jamais ne se laisse apprivoiser s'il n'est dérobé et ravi petit à sa mère. Les sauvages se servent de leur peau contre le froid : et sont ses cornes fort estimées pour la propriété qu'elles ont contre le venin : et partant les Barbares en gardent afin d'obvier aux poisons et vermines qu'ils rencontrent allant par pays.

FIGURE DU TAUREAU DE LA FLORIDE

Chapitre X

Description du Pirassoipi,
espèce de Licorne d'Arabie

En l'Arabie près la mer Rouge, il se trouve une autre bête que les sauvages appellent *Pirassoipi*, grande comme un mulet, et sa tête quasi semblable, tout son corps velu en forme d'un ours, un peu plus coloré, tirant sur le fauveau, ayant les pieds fendus comme un cerf. Cet animal a deux cornes à la tête fort longues, sans ramures, haut élevées, qui approchent des licornes : desquelles se servent les sauvages lorsqu'ils sont blessés ou mordus des bêtes portant venin, les mettant dedans l'eau par l'espace de six ou sept heures, puis après font boire ladite eau au patient.

Les sauvages l'assomment quand ils peuvent l'attraper, puis l'écorchent, et la mangent.

Figure du Pirassoipi,
espèce de Licorne d'Arabie

Chapitre XI

Éléphant de mer

Hector Boetius, au livre qu'il a écrit de la description d'Écosse, dit que l'animal duquel ci-après suit l'effigie, se nomme *Éléphant de mer*, et plus gros qu'un éléphant : lequel habite en l'eau et en la terre, ayant deux dents semblables à celles d'un éléphant, par lesquelles lors qu'il veut prendre son sommeil, il s'attache et pend aux rochers, et dort si profondément que les mariniers l'apercevant ont le loisir de prendre terre et le lier avec de grosses cordes en plusieurs endroits. Puis mènent un grand bruit, et lui jettent des pierres pour le réveiller : et lors tâche à se jeter comme de coutume avec grande impétuosité en la mer. Mais se voyant pris, se rend tellement paisible que l'on en peut facilement jouir : l'assomment, et en tirent la graisse, puis l'écorchent pour en faire des courroies, lesquelles, parce qu'elles sont fortes et ne pourrissent, sont fort estimées, et encore plus ses dents, que par artifice ils dressent et creusent, et les vendent pour corne de licorne, comme on fait celles du rohart et de l'éléphant.

Chapitre XII

Du poisson nommé Caspilly

Il se voit au golfe d'Arabie un poisson nommé *Caspilly*, armé d'aiguillons, dont il en a un au milieu du front comme une corne, long de quatre pieds, fort aigu. Icelui, voyant venir la baleine, se cache sous les ondes, et choisit l'endroit plus aisé à blesser qui est le nombril : et la frappant, il la met en telle nécessité que le plus souvent elle meurt de telle blessure : et se sentant touchée au vif, commence à faire un grand bruit, se tourmentant et battant les ondes, écumant comme un verrat, et va d'une si grande fureur et roideur, se sentant près des abois de la mort, qu'elle culbute et renverse les navires qu'elle rencontre, et fait tel naufrage qu'elle les ensevelit au profond de la mer. Ledit poisson est merveilleusement grand et fort, et lors que les Arabes le veulent prendre, ils font comme au crocodile, savoir est

FIGURE DU POISSON NOMMÉ CASPILLY

avec une longue et forte corde, au bout de laquelle ils attachent une pièce de chair de chameau ou autre bête : et lorsque ce poisson aperçoit la proie, il ne manque de se jeter dessus et l'engloutir. Et étant l'hameçon avalé, et se sentant piqué, il y a plaisir à lui voir faire des sauts en l'air, et dedans l'eau : puis étant las, les Arabes le tirent à coups de flèches et lui donnent tant de coups de levier qu'ils l'assomment : puis le mangent, et gardent sa plus grande corne pour en user contre les venins, ainsi que les autres font des cornes de licorne.

Chapitre XIII

*Du poisson nommé Uletif
espèce de Licorne de mer*

André Thevet, en sa *Cosmographie*, dit que courant fortune en l'Océan ès côtes d'Afrique, visitant la Guinée et l'Anopie, il a vu un poisson, ayant une corne sur le front en manière d'une scie, longue de trois pieds et demi, et large de quatre doigts, ayant ses pointes des deux côtés fort aiguës. Il se combat furieusement de cette corne. Ceux de la Guinée l'appellent en leur jargon *Uletif.*

Défunt M. Le Coq, auditeur en la Chambre des Comptes à Paris, me donna une corne dudit poisson qu'il gardait en son cabinet bien chèrement : lequel sachant que j'étais curieux de rechercher les choses rares et monstrueuses, désira qu'elle fût mise en mon cabinet, avec mes autres raretés. Ladite corne est longue de trois pieds et demi, pesant cinq livres ou environ, ayant cinquante et une dents aiguës et tranchantes, longues du travers d'un pouce et demi : étant icelles dents vingt-cinq d'un côté et vingt-six de l'autre. Cette corne en son commencement est large d'un demi-pied ou environ, allant toujours en diminuant jusqu'à son extrémité où elle est obtuse ou mousseuse, étant plate et non ronde comme les autres cornes. Le dessus est de couleur comme d'une sole, et le dessous aucunement blanc, et fort poreux. Il s'en trouve d'autres moindres, et plus petites, selon l'âge du poisson.

Plusieurs estiment ledit animal être une licorne marine, et s'en servent contre les morsures et piqûres des bêtes venimeuses, comme l'on fait de la corne de licorne. Le populaire l'estime être une langue de serpent, qui est chose fausse.

FIGURE DU POISSON NOMMÉ ULETIF,
ESPÈCE DE LICORNE DE MER

Chapitre XIV

Poisson ressemblant par la tête au Porc sanglier

Gesnerus dit qu'en la mer Océane naît un poisson ayant la tête d'un porc sanglier, lequel est de merveilleuse grandeur, étant couvert d'écailles mises par grand ordre de nature, ayant les dents canines fort longues, tranchantes et aiguës, semblables à celles d'un grand porc sanglier, lesquelles on estime être bonnes contre les venins, comme la licorne.

Ainsi voit-on comme chacune nation pense avoir la licorne, lui donnant plusieurs vertus et propriétés rares et excellentes : mais je crois qu'il y a plus de mensonge que de vérité.

Or (ce) qui a été cause de la réputation de la licorne, ç'a été cette propriété occulte que l'on lui a attribuée de préserver de peste et de toutes sortes de venins. Dont quelques-uns voyant que l'on en faisait si grand cas, poussés d'avarice, ont mis en avant certains fragments de quelques cornes, disant et assurant que c'était la vraie licorne : et toutefois le plus souvent ce n'est autre chose que quelques pièces d'ivoire, ou de quelque bête marine, ou pierre fondue. Parlez aujourd'hui à tous les apothicaires de France, il n'y a celui qui ne vous dise et assure avoir de la licorne, et de la vraie, et quelquefois en assez bonne quantité. Or, comment se pourrait faire, vu que la plupart des écrivains disent que le naturel de la licorne est de demeurer aux déserts et ès lieux inaccessibles, et s'éloigner si fort des lieux fréquentés que c'est quasi une chose miraculeuse d'en trouver quelques fois une corne, qui peut avoir été apportée par les inondations des eaux jusqu'aux rivages de la mer, et ce quand l'animal est mort ? Qui est toutefois une chose encore douteuse : car la pesanteur de la corne la ferait plutôt aller au fond. Mais c'est tout un, posons qu'il s'en trouve quelquefois une : comment serait-il possible que ces trompeurs en fussent tous si bien fournis ? À cela connaît-on qu'il y a bien de l'imposture.

Et certes n'était l'autorité de l'Écriture sainte, à laquelle nous sommes tenus d'ajouter foi, je ne croirais pas qu'il fût des licornes. Mais quand j'entends David

au psaume 22, verset 22, qui dit : *Délivre-moi Seigneur,
de la gueule du lion et délivre mon humilité des cornes
des licornes* : lors je suis contraint de le croire. Pareillement Esaïe, chap. 34, parlant de l'ire de Dieu contre
ses ennemis et persécuteurs de son peuple, dit : *Et les
licornes descendront avec eux, et les taureaux avec les puis-
sants.* J'alléguerais à propos une infinité de passages de
l'Écriture sainte, comme le chapitre vingt-huitième du
Deutéronome, le trente-neuvième chapitre, vers. 12 et
13 de Job, les Psaumes de David, 28, 77, 80 et plusieurs
autres, si je ne craignais de lasser le lecteur. Il faut donc
croire qu'il est des licornes, mais elles n'ont les vertus
qu'on leur attribue.

Figure du poisson
ayant la tête d'un Porc sanglier

Chapitre XV

Question touchant les vertus
prétendues de la licorne

Cela supposé, et qu'il se trouve quantité de cornes de licornes, et que chacun en ait, à savoir si elles ont telles vertus et efficaces contre les venins et poisons qu'on leur attribue ? Je dis que non. Ce que je prouverai par expérience, autorité, et raison.

Et pour commencer à l'expérience, je puis assurer, après l'avoir éprouvé plusieurs fois, n'avoir jamais connu aucun effet en la corne prétendue de licorne. Plusieurs tiennent que si l'on la fait tremper en l'eau, et que de cette eau on fasse un cercle sur une table, puis que l'on mette dedans ledit cercle un scorpion ou araignée, ou un crapaud, que ces bêtes meurent, et qu'elles ne passent aucunement par dessus le cercle, voire que le crapaud se crève. Je l'ai expérimenté, et trouvai cela être faux et mensonger : car les dits animaux passaient et repassaient hors du circuit du cercle, et ne mouraient point. Mêmement, ne me contentant pas d'avoir mis un crapaud dedans le circuit de l'eau où la licorne avait trempé, par dessus lequel il passait et repassait : je le mis tremper en un vaisseau plein d'eau, où la corne de licorne avait trempé, et le laissai en ladite eau par l'espace de trois jours, au bout desquels le crapaud était aussi gaillard que lorsque je l'y mis.

Quelqu'un me dira que possible la corne n'était de vraie licorne. À quoi je réponds que celle de Saint-Denis en France, celle du Roi, que l'on tient en grande estime, et celles des marchands de Paris qu'ils vendent à grand prix, ne sont donc pas vraies cornes de licornes : car ç'a été de celles-là que j'ai fait épreuve. Et si on ne me veut croire, que l'on vienne à l'essai, comme moi, et on connaîtra la vérité contre le mensonge.

Autres tiennent que la vraie licorne étant mise en l'eau se prend à bouillonner, faisant élever petites bulles d'eau comme perles. Je dis que cela se fait aussi bien avec des cornes de bœuf, de chèvre, de mouton ou autres animaux : avec dents d'éléphant, tests de pots, tuiles, bois, bol armène et terre sigillée : et pour le dire en un mot, avec tous autres corps poreux. Car l'air qui est enclos en iceux sort par les porosités, pour donner place à l'eau qui cause le bouillonnement et les petites bulles qu'on voit élever en l'eau.

Autres disent que si on en faisait avaler à un pigeon ou poulet qui eût pris de l'arsenic sublimé ou autre venin, qu'il n'en sentirait aucun mal. Cela est pareillement faux, comme l'expérience en fera foi.

Autres disent que l'eau en laquelle aura trempé ladite corne éteint le feu volage, appelé *herpès miliaris*. Je dis que ce n'est pas la vertu de la corne, mais la seule vertu de l'eau, qui est froide et humide, contraire au mal qui est chaud et sec. Ce qui se trouvera par effet, en y appliquant de la seule eau froide, sans autre chose.

Et pour prouver mon dire, il y a une honnête dame marchande de cornes de licornes en cette ville, demeurant sur le pont au Change, qui en a bonne quantité de grosses et de menues, de jeunes et de vieilles. Elle en tient toujours un assez gros morceau attaché à une chaîne d'argent, qui trempe ordinairement en une aiguière pleine d'eau, de laquelle elle donne assez volontiers à tous ceux qui lui en demandent. Or naguères une pauvre femme lui demanda de son eau de licorne : advint qu'elle l'avait toute distribuée, et ne voulant renvoyer cette pauvre femme, laquelle à jointes mains la priait de lui donner pour éteindre le feu volage qu'avait un sien petit enfant, qui occupait tout son visage : en lieu de l'eau de licorne, elle lui donna de l'eau de rivière en laquelle nullement n'avait trempé la corne de licorne. Et néanmoins, ladite eau de rivière ne laissa pas de guérir le mal de l'enfant. Quoi voyant, cette pauvre femme, dix ou douze jours après, vint remercier madame la marchande de son eau de licorne, lui disant que son enfant était du tout guéri.

Ainsi voilà comme l'eau de rivière fut aussi bonne que l'eau de sa licorne : néanmoins qu'elle vend ladite corne prétendue de licorne beaucoup plus chère que l'or, comme on peut voir par la supputation. Car à vendre le grain d'or fin onze deniers pites, la livre ne vaut que sept vingt huit écus sol : et la livre de corne de licorne contenant seize onces, contient neuf mil deux cent seize grains : et la livre à dix sols le grain, la somme se monte à quatre vingt douze mil cent soixante sols, qui sont quatre mil six cent huit livres, et en écus, mil cinq cent trente six écus sol. Et me semble qu'à ce prix la bonne femme ne vend pas moins sa licorne que fit un certain marchand tudesque, lequel en vendit une pièce au Pape Jules troisième douze mille écus, comme récite André Baccy, médecin de Florence, en son livre de la Nature de la licorne. Mais laissant ces bons marchands, revenons à l'expérience.

On dit davantage que la corne de licorne sue en présence du venin. Mais il est impossible, parce que c'est un effet procédant de la vertu expultrice. Or, ladite corne est privée de telle vertu : et si on l'a vue suer, cela a été par accident, vu que toutes choses polies, comme le verre, les miroirs, le marbre, pour quelque peu d'humidité qu'ils reçoivent, même de l'air excessivement froid et humide, ou chaud et humide, apparaissent suer : mais ce n'est vraie sueur, car la sueur est un effet d'une chose vivante : mais pour être polie et fraîche, elle reçoit un ternissement de l'air froid et humide, qui la fait suer.

Autres disent que la mettant près le feu, elle rend une odeur de musc : aussi que l'eau où elle aura trempé deviendra laiteuse et blanchâtre. Telles choses ne se voient point, comme l'expérience le montre.

Chapitre XVI

Preuve faite par autorité

Quant à l'autorité, il se trouvera la plupart des doctes, gens de bien et expérimentés médecins, qui assurent cette corne n'avoir aucune des vertus qu'on lui attribue.

S'il faut commencer aux anciens, il est certain qu'Hippocrate, ni Galien, qui toutefois se sont servis de la corne de cerf et de l'ivoire, n'ont jamais parlé de cette corne de licorne, ni même Aristote, lequel toutefois au chapitre II du livre III, *Des parties des animaux*, parlant de ceux qui n'ont qu'une corne, fait mention de l'âne indien, et d'un autre nommé Oryx, sans faire aucune mention de la licorne : combien qu'il parle en ce lieu des choses de moindre conséquence.

Or, s'il faut venir aux modernes, Christofle l'André, docteur en médecine, en son opuscule *De l'œcoiatrie*, écrit ce qui s'ensuit : «Aucuns médecins font un grand cas de la corne d'une bête nommée Monocéros, que nous appelons vulgairement la licorne, et disent qu'elle garantit de venin, tant prise par dedans qu'appliquée par dehors. Ils l'ordonnent contre le poison, contre la peste, voire déjà créée au corps de l'homme, et pour le dire en un mot, ils en font un alexifère contre tous venins. Toutefois étant curieux de si grandes propriétés qu'ils attribuent à ladite corne, je l'ai bien voulu expérimenter en plus de dix, au temps de pestilence : mais je n'en trouvai aucun effet louable, et me reposerais autant sur la corne de cerf ou de chèvre, que sur celle de la licorne. Car elles ont une vertu d'absterger et mondifier : partant elles sont bonnes à resserrer les gencives flétries et molles. Davantage, lesdites cornes étant brûlées et données en breuvage apportent merveilleux confort à ceux qui sont tourmentés de flux dysentérique. Les anciens ont laissé par écrit que la corne de cerf rédigée en cendre est une plus que crédible médecine à ceux qui crachent le sang et à ceux qui ont coliques, iliaques passions, nommées *miserere mei*; et comme chose de grande vertu, la mêlant aux collyres, pour faire sécher les larmes des yeux. » Voilà ce que ledit l'André a écrit de la corne de licorne.

Rondelet dit que toutes cornes en général n'ont ni saveur, ni odeur, si on ne les brûle ; par quoi ne peuvent avoir aucune efficace en médecine, si ce n'est pour dessécher. Et ne suis point ignorant, dit-il, que ceux qui tiennent telles cornes pour leur profit, ne donnent à entendre au peuple qu'icelles ont grandes et inestimables vertus, par antipathie de chasser les serpents et les vers, et de résister aux venins. Mais je crois, dit-il, touchant cela, que la corne de licorne n'a point plus grande efficace, ni force plus assurée, que la corne de cerf ou que l'ivoire, qui est cause que fort volontiers, en mêmes maladies, j'ordonne la dent d'éléphant aux pauvres, et aux riches celle de licorne, parce qu'ils la désirent, s'en proposant heureux succès. Voilà l'avis de Rondelet, lequel indifféremment en pratiquant pour mêmes effets, en lieu de la licorne ordonnait non seulement la corne de cerf ou dent d'éléphant, mais aussi d'autres os.

Je me suis enquis de M. Duret, pour la grande assurance que j'avais de son haut et tant célèbre savoir, quelle opinion il avait de la corne de licorne : il me répondit qu'il ne pensait icelle avoir aucune vertu contre les venins, ce qu'il me confirma par bonne, simple et valable raison et même me dit qu'il ne doutait de le publier en son auditoire, qui est un théâtre d'une infinité de gens doctes qui s'y assemblent ordinairement pour l'ouïr.

Je veux bien encore avertir le lecteur, quelle opinion avait de cette corne de licorne feu M. Chappelain, premier médecin du Roi Charles IX, lequel en son vivant était grandement estimé entre les gens doctes. Un jour lui parlant du grand abus qui se commettait en usant de la corne de licorne, le priai (vu l'autorité qu'il avait à l'endroit de la personne du Roi notre maître, pour son grand savoir et expérience) d'en vouloir ôter l'usage, et principalement d'abolir cette coutume qu'on avait de laisser tremper un morceau de licorne dedans la coupe où le Roi buvait, craignant le poison. Il me fit réponse que, quant à lui, véritablement il ne connaissait aucune vertu en la corne de licorne, mais qu'il voyait l'opinion qu'on avait d'icelle être tant invétérée et enracinée au cerveau des princes et du peuple, qu'ores qu'il l'eût volontiers ôtée, il croyait bien que par raison n'en pourrait être maître. Joint, disait-il, que si cette superstition ne profite, pour le moins elle ne nuit point, sinon à la bourse de ceux qui l'achètent beaucoup plus qu'au poids d'or, comme a été montré ci-devant. Lors je lui répliquai, que pour le moins il en voulût donc écrire, à fin d'effacer la fausse opinion de la vertu que l'on croyait être en icelle. À quoi il répondit que tout homme qui entreprend d'écrire de chose d'importance, et notamment de réfuter quelque opinion reçue de longtemps, ressemble au Hibou, ou Chat-huant, lequel se montrant en quelque lieu éminent, se met en butte à tous les autres oiseaux qui le viennent becqueter, et lui courent sus à tout reste : mais quand ledit hibou est mort, ils ne s'en soucient aucunement. Ainsi rapportant cette similitude à lui, il me dit, que de son vivant il ne se mettrait jamais en butte pour se faire becqueter des envieux et médisants qui entretenaient le monde en opinions si fausses et mensongères : mais il espérait qu'après sa mort on trouverait ce qu'il en aurait laissé par écrit.

Considérant donc cette réponse qu'il me fit lors, joint aussi qu'on n'a rien aperçu de ses écrits depuis sa mort, qui fut il y a environ onze ans ou plus, je m'expose maintenant à la butte qu'il refusa pour lors. Que s'il y a quelqu'un qui puisse m'assaillir de quelque bon trait de raison ou d'expérience, tant s'en faut que je m'en tienne offensé, qu'au contraire je lui en saurai fort bon gré, de m'avoir montré ce qu'oncques je n'ai pu apprendre des plus doctes et signalés personnages qui furent et sont encore en estime pour leur doctrine singulière, ni même d'aucun effet de notre licorne.

Vous me direz, puisque les médecins savent bien, et publient eux-mêmes, que ce n'est qu'un abus de cette poudre de licorne, pourquoi en ordonnent-ils? C'est que le monde veut être trompé, et sont contraints lesdits médecins bien souvent d'en ordonner, ou pour mieux dire, permettre aux patients d'en user, parce qu'ils en veulent. Que s'il advenait que les patients qui en demandent mourussent sans en avoir pris, les parents donneraient tous la chasse au dit médecin, et les décrieraient comme vieille monnaie.

Chapitre XVII

Preuve faite par raison

Venons maintenant à la raison. Tout ce qui résiste aux venins est cardiaque et propre a corroborer le cœur. Rien n'est propre à corroborer le cœur, sinon le bon air et le bon sang : pour autant que ces deux choses seulement sont familières au cœur, comme étant l'officine du sang artériel et des esprits vitaux. Or, est-il que la corne de licorne n'a aucun air en soi, ni aucune odeur, ou bien peu, étant toute terrestre et toute sèche. Davantage elle ne peut être tournée en sang, parce qu'elle n'a ni chair, ni suc en soi : qui est cause qu'elle n'est ni chilifiée, ni par conséquent sanguifiée.

Il s'ensuit donc qu'elle n'a aucune vertu pour fortifier et défendre le cœur contre les venins.

Voire mais, dira quelqu'un, en tant d'opiates, électuaires et épithèmes que l'on fait pour le cœur, qu'y a-t-il de tel, qui contienne en soi un bon air ?

Si à savoir est, les conserves de bourrache, buglosse, violiers de Mars, de roses, de fleurs de romarin, la confection d'alkermes, le mithridat, le thériaque, l'ambre, le musc, la civette, le safran, le camphre et semblables, lesquels même l'on délaie en bon vin et fort vinaigre, en eau-de-vie, pour appliquer sur le cœur, ou donner en breuvage. Toutes lesquelles choses sont en soi, et rendent de soi une odeur, c'est-à-dire un air ou exhalation fort suave, bénigne et familière à la nature et substance du cœur, en tant qu'elles peuvent engendrer, multiplier, éclaircir et subtilier les esprits vitaux, par similitude de leur substance aérée, spirituelle et odorante.

Oui, mais au bol d'arménie, en la terre sigillée, en la corne de cerf, en la raclure d'ivoire et de corail, n'y a-t-il rien de spiritueux et aéré?

Non certes. Pourquoi donc sont-ils mis entre les remèdes cardiaques? Parce que de leur faculté et vertu astringente fondée en la terrestrité de leur substance, ils ferment les conduits des veines et artères, par lesquelles le venin et air pestilent pourrait être porté au cœur. Car ainsi sont-ils ordonnés profitablement aux flux et vidanges immodérées. Ils sont donc appelés cardiaques, non pas que de soi et par soi ils fortifient la substance du cœur par quelque familiarité ou similitude, mais par accident, parce qu'ils bouchent le passage à l'ennemi, l'arrêtent en chemin, à ce qu'il ne se jette dedans la citadelle de la vie.

Chapitre XVIII

Des perles et pierres précieuses
suivant l'opinion de Joubert

Quant aux perles et autres pierres précieuses, je suis de l'avis de M. Joubert, médecin ordinaire du Roi, lequel au chapitre XVIII d'un traité qu'il a écrit *De la Peste*, dit ainsi :

Je ne sais ce que je dois dire touchant les pierres précieuses, que la plus grande part des hommes estiment tant, vu que cela semble superstitieux et mensonger d'assurer qu'il y a une vertu incroyable et secrète en elles, soit qu'on les porte entières sur soi, ou que l'on use de la poudre d'icelles.

Or ici ne veux-je encore oublier à mettre en même rang l'or potable, et les chaînes d'or et doubles ducats qu'aucuns ordonnent mettre aux restaurants (fortifiants) pour les pauvres malades : attendu qu'il y a aussi peu d'assurance qu'en la licorne, voire moins. Car ce qui n'est point nourri, ne peut bailler nourriture à autrui. Or il est ainsi que l'or n'est point nourri. Par quoi il semble que ce soit une piperie de lui attribuer la vertu nutritive, soit qu'il soit réduit en forme potable, qu'ils appellent, ou qu'il soit bouilli avec des restaurants.

Or, on me dira qu'après avoir fait bouillir des écus ou autres pièces d'or aux restaurants, ils ne seront de même poids qu'ils étaient auparavant : je le confesse, mais ce ne sera que l'or soit en rien diminué par l'ébullition : mais que l'excrément qu'auront accueilli les pièces d'or, pour avoir été longtemps maniées ou portées du peuple, voire des vérolés, ladres et vieilles harangères, pourra être demeuré dans les restaurants.

D'abondant il y a encore une grande piperie que les bons maîtres quintessentieux font pour faire leur or potable, qu'ils disent mettre aux restaurants : c'est que d'une chaîne de trois ou quatre cents écus passée par l'eau-forte, en déroberont quinze ou vingt écus, qui fera diminution d'autant de poids, et font accroire aux niais que ledit or est diminué par l'ébullition. Qui pourra se garder de ces bailleurs de balivernes, affronteurs et larrons, ce sera bien fait.

Chapitre XIX

Du pied d'élan

Ceci me fait souvenir du pied d'Élan, duquel plusieurs font si grand cas, spécialement lui attribuant la vertu de guérir l'épilepsie. Et m'étonne d'où ils prennent cette assurance, vu que tous ceux qui en ont écrit ne font que dire : *on dit, on dit*; je m'en rapporte à Gesnerus, et à Apollonius Menabenus. Et quand ce ne serait que la misère de l'animal, qui tombe si souvent en épilepsie (dont les Allemands l'appellent Hellend, qui signifie misère) et néanmoins ne s'en peut garantir, encore qu'il ait toujours son ongle quant-et-quant soi : il me semble que cela est suffisant pour révoquer en doute les vertus qu'on lui attribue.

Voilà ce qu'il me semble de la corne de licorne : et si quelqu'un en peut découvrir davantage, je lui prie en faire part au public, et prendre mon écrit en bonne intention.

Réplique d'Ambroise Paré,
premier chirurgien du roy
à la réponse faite
contre son discours de la Licorne

J'avais souhaité, discourant de la Licorne, que s'il y avait quelqu'un qui en eût autre opinion que moi, il lui plût de mettre ses raisons en avant : pensant que par le débat des raisons contraires, comme par le heurt de deux pierres, les vives étincelles de la vérité viendraient à paraître, qui pourraient exciter une lumière si grande de tout ce fait en nos esprits, qu'on n'aurait plus occasion d'en douter. Ce mien souhait m'est, en partie, advenu. Car il s'est trouvé quelqu'un qui, contrôlant mes écrits, m'a voulu dédire en ce point : duquel toutefois, les raisons ne me semblent si fortes que, pour cela, je doive quitter mon parti pour prendre le sien, ainsi que j'espère montrer, répliquant sur chacune d'elles : laissant à part ses animosités, lesquelles j'estime lui être échappées, plus pour zèle qu'il porte à la vérité, que pour opinion qu'il puisse avoir de moi autre que d'homme de bien, et studieux du profit public.

Sa première raison est,

> *qu'il faut bien que la licorne ait de grandes vertus, vu que tous les sages demeurent entre eux d'accord des admirables propriétés d'icelle. Et que, partant, il faut acquiescer à leur autorité : attendu qu'il vaut mieux faillir avec les sages que bien opiner contre leur opinion.*

Je nie la première partie de cette raison, attendu que, comme j'ai montré dans mon précédent discours, MM. Rondelet, Chappelain, et le docte Duret, ne font pas plus grand cas de la corne de Licorne que d'autre corne quelconque. Et, toutefois, ces trois-là, sont sages et clairvoyants en Médecine.

Quant à la seconde partie, je dis — tout au contraire —, que j'aimerais mieux faire bien tout seul, que de faillir non seulement avec les sages, mais même avec tout le reste du monde. Car l'excellence de la vérité est si grande qu'elle surpasse toute la science humaine, qui, bien souvent, n'est armée que de bravade, n'est enflée que de vent, n'est parée que d'apparence et vanité : par quoi la seule Vérité doit être cherchée, suivie, chérie…

La seconde raison est,

que le long temps qu'il y a que la Licorne est en usage, montre bien icelle être bonne.

Je réplique que le long temps n'est pas suffisant pour prouver que corne de Licorne a les vertus qu'on lui attribue. Car, telle vogue n'est fondée qu'en opinion, et la vérité — comme il dit lui-même —, dépend de la chose, et pas des opinions. Par quoi, rien ne sert de m'alléguer les Papes, Empereurs, Rois et Potentats, qui ont mis la corne de Licorne en leurs trésors, car ils ne sont d'eux-mêmes juges compétents de la propriété des choses naturelles ; et ceux par les yeux desquels ils ont vu, ont été louches ou de connivence, de leur avoir montré ou laissé voir le noir pour le blanc. Par quoi, à bon droit, André Marin, Médecin excellent de Florence, au Discours qu'il a fait de *la fausse opinion de la Licorne*, s'émerveille comment jusques ici il ne s'est trouvé Médecin ou autre, tant ami de son prince, qui l'ait retiré de cette erreur, la bannissant de ses cabinets comme un abus et tromperie manifeste : concluant que si précieux joyau n'était propre qu'aux bateleurs et imposteurs, et mal séant aux Médecins, qui ont des remèdes plus assurés et approuvés pour combattre les maladies malignes, vénéneuses et pestilentes.

Quant à ce qu'il dit,

qu'il y a des licornes, et que la Sainte Écriture le témoigne,

je réponds que quiconque pense alléguer cela contre moi, montre qu'il a vraiment grande envie de me quereller. Car qui est-ce qui croit cela mieux que moi ? Qui est-ce qui le montre mieux ? Je cite cinq passages de la Sainte Écriture dans mon Discours de la Licorne. Je crois donc qu'il y a toujours eu, et qu'il y a encore des Licornes, non seulement sur la Terre, mais aussi dans la Mer. Mais que leurs cornes aient les vertus qu'on leur attribue contre les venins et pestilences, c'est le point que j'attendais ; lequel, toutefois, n'a été touché que par une simple assertion, sans aucune démonstration, raison, ou autorité ancienne. Car de dire qu'elle profite contre la peste, parce qu'elle refroidit, cela est fuir et quitter le combat de la propriété occulte, de laquelle toutefois est notre principale question.

Or, quand ainsi serait qu'elle agirait par qualité manifeste, il la faudrait ordonner en quantité raisonnable, et principalement à la véhémence de l'ardeur furieuse et pestilence, c'est-à-dire par onces et quarterons. Car, trois ou quatre grains qu'on ordonne communément, n'ont plus de vertu — ce que dit M. Duret, de bonne grâce, parlant de la Licorne —, que qui jetterait quatre grains de mil dans la gueule d'un âne bien affamé.

C'est pourquoi je voudrais bien empêcher les apothicaires de la vendre si cher, afin que les Médecins aient commodité de l'ordonner en plus grande dose, et que les malades eussent moyen de la porter avec plus de profit en leur corps, et moins de dommage en leur bourse… Cela n'est-ce me rompre l'esprit de ce que je n'ai que faire, comme l'on me reproche?

Car Dieu a recommandé à un chacun le salut et profit de son prochain : et, certes, les apothicaires mêmes — j'entends les plus anciens et les plus expérimentés —, interrogés par moi, m'ont confessé avoir honte de la vendre si cher, vu qu'ils n'ont jamais aperçu plus grand effet en elle qu'en autres cornes communes des vulgaires animaux. Toutefois, ils sont contraints de la vendre ainsi cher, parte qu'ils l'achètent chèrement. Or, l'achètent-ils chèrement à raison du bruit qu'on lui a donné, et sans cause ?

Venons maintenant aux raisons par lesquelles il pense détruire ma principale démonstration, laquelle — par moquerie —, il appelle mon Achille. Mon Achille donc était tel :

Rien n'est bon à corroborer le cœur, sinon le bon air et le bon sang : la corne de Licorne n'a ni air ni odeur en soi étant toute terrestre et toute sèche. Davantage, elle ne peut être tournée en sang, d'autant qu'elle n'a en soi ni chair, ni suc. Pourquoi, elle n'a vertu à corroborer le cœur.

La première proposition, dit-il, est fausse et ridicule : sa raison est :

Car tels remèdes altératifs fortifient le cœur par qualité manifeste et élémentaire, ou occulte et

formelle, et toutefois n'ont ni bon air, ni habileté à
être tournés en sang.

Je réplique et dis au contraire, prenant le même exemple qu'il a pris, pour le battre de ses armes mêmes, que la faculté des herbes et simples qui entrent en apozèmes n'est point communiquée à l'eau, par laquelle est faite la décoction, sinon par distraction du suc, ou humeur et vapeur desdits simples ; autrement, s'il n'y avait que la qualité muée qui se communiquât à l'eau sans substance, c'est-à-dire, sans humeur ou vapeur, comment connaîtrions-nous la décoction de pourpier à sa noirceur, la décoction de psyllium à sa viscosité, la décoction de chicorée à sa saveur et amertume, l'infusion de rhubarbe à son odeur ? La saveur y est, et s'y remarque manifestement : l'odeur donc aussi y est. Car tout ce qui a saveur et odeur, la saveur y est, le suc donc ou humeur y est, l'odeur y est, la vapeur, donc, y est… Car qu'est-ce autre chose *odeur* qu'une vapeur ou, plutôt, fumée ?

Quant au corail, corne de cerf, et semblables, je confesse qu'ils n'ont non plus d'air et de suc que la corne de Licorne, mais aussi je ne les tiens pas pour vrais cardiaques : de tant qu'ils ne fortifient point le cœur en combattant contre les venins, mais seulement, ou en resserrant les conduits qui vont au cœur, par leur vertu astringente, ou en buvant et tarissant la sérosité vénéneuse, qui affadit le cœur et l'estomac, par leur sèche terrestrité, faisant l'un et l'autre, non par simple infusion en quelque eau, mais par mutation de leur propre corps en poudre.

Mais c'est assez répliqué sur la réfutation prétendue de la première proposition de mon Achille : venons à la seconde.

Je disais que la corne de Licorne n'a air ni odeur en soi.

Cela, dit-il, *est contraire aux principes de Physique. Car, chaque corps élémentaire est mixte, c'est-à-dire mêlé des quatre éléments, par quoi dans la corne il y a de l'air.*

Pour réplique, je dis que les choses en Médecine ne se mesurent et considèrent que par les sens et effets. Ainsi, bien que par discours de raison nous comprenions que le poivre, gingembre, et graines de paradis,

156

sont composés des quatre éléments, c'est-à-dire : chaud, froid, sec et humide, toutefois, les Médecins n'y reconnaissent que du chaud et du sec, pour ce qu'ils ne font en nous, principalement, que les effets de chaleur et de sécheresse : ainsi, nous nions la corne de Licorne être aérée, parce qu'elle ne produit les effets des corps aérés, c'est-à-dire, de vapeur, fumée et odeur. Quiconque trouvera de l'air en la corne de Licorne, il tirera de l'huile d'un mur.

Ces deux points de mon Achille vidés, le reste des raisons contraires n'est pas difficile à réfuter. Car, pour prouver que la corne de Licorne se peut tourner en sang, il allègue, *« que les chiens vivent d'os »*.

Je dis, au contraire, que les chiens ne vivent pas d'os, mais bien de la moelle ou substance médulleuse qui est cachée dedans les cavités insignes, ou porosités de l'os. Or, aux cornes de Licorne que nous voyons râper tous les jours y a-t-il rien de moelleux ? Non plus, et encore moins qu'en la pierre ponce.

N'est pas non plus très pertinent ce qu'il ajoute : *« Que comme les chiens vivent d'os, aussi les autruches de fer. »* L'on sait aujourd'hui assez par expérience et inspection journalière, que cette opinion de la vieille histoire naturelle est fabuleuse. Car, bien que l'autruche dévore le fer, pourtant elle ne le digère pas : le lendemain, on le trouvera parmi ses excréments, telle qu'elle l'a pris. Je puis dire, en vérité, avoir donné des clefs et clous de fer à des autruches à avaler, que le lendemain on les trouvait avec leurs excréments, sans être en rien diminués.

Pour voir donc toujours les petits enfants avaler les noyaux de cerises et pépins de raisin, dirons-nous qu'ils les digèrent et s'en nourrissent ?

Il dit *« que le Roy a refusé cent mil écus de la corne de Licorne qui est à Saint-Denis »*. Il est bien possible que, pour sa grandeur et magnificence, il en ait autant refusé : mais je crois que si le roi l'avait en telle estime, elle serait mise en plus sûre garde qu'en celle d'un simple clerc, qui la fait voir indifféremment à un chacun pour un grand blanc. Que si elle avait telle vertu qu'on lui attribue, elle ne fût pas entière, et crois qu'elle eût été limée et râpée, pour subvenir à la nécessité des maladies de tant de rois qui ont tenu le sceptre de France.

Ces raisons ont induit André Martin, au lieu sus allégué, à penser que telle corne ne fût pas naturelle, mais artificielle, fabriquée par la main de quelque ingénieux maître qui, par certaine mixtion, l'a contrefaite auprès du naturel. Ce qui est prouvé par Dioscoride, livre IV, chapitre 71, feuillet 52, qui dit que, faisant cuire la racine de Mandragore avec ivoire, l'espace de six heures, elle le ramollit tellement qu'on peut aisément en faire ce que l'on veut.

Pareillement, Cardan dit que les dents des éléphants se peuvent amollir et étendre comme les cornes de bœuf ; et de telles piperies se trouvent à Metz et à Strasbourg, et en plusieurs autres lieux. Par quoi je trouve bon ce que dit l'adversaire, *« que les Médecins devraient admonester le Magistrat de l'abus qui serait en la Licorne, et non pas moi »*.

J'eusse désiré qu'ils m'eussent délivré de cette peine, et m'émerveille qu'ils aient tant attendu… Je sais, toutefois, que M. Cappel, Docteur régent en la Faculté de Médecine, très savant et homme de bien, avait déjà commencé à faire un discours, pour ôter l'abus qui y était : mais, voyant le mien déjà imprimé, il désista le sien.

J'ai aussi entendu souvent que M. l'Affilé, docteur en Médecine, assez connu pour sa vertu et doctrine, autrefois avait maintenu en pleines écoles que la Licorne n'avait rien des propriétés cachées qu'on lui attribue, seulement qu'elle avait vertu de dessécher au premier degré, comme toute autre espèce de corne. Plusieurs autres médecins, voire la plupart d'entre eux, ont même opinion, et ce que j'en sais, je ne l'ai appris que d'eux principalement, et premièrement du docte Duret.

Par quoi cette mienne opinion, s'accordant avec celle de tant de gens de bien et de savoir, ne doit être tenue pour monstrueuse, puisqu'elle n'est ni nouvelle, ni extraordinaire, ni erronée : ni pour cela ne dois point être réputé et peint comme monstre, ainsi que raille l'adversaire, voulant tourner en risée la description des monstres que j'ai insérés en mes Œuvres. M. Rondelet, premier médecin de notre temps, n'a-t-il pas fait portraire plusieurs monstres ? Et, toutefois, personne n'a dit qu'il l'eût fait pour amuser les petits enfants, mais bien pour représenter à l'œil, ce qu'on ne pourrait si bien écrire et comprendre sans le portrait…

Gesner et Belon ont fait la même chose, et toutefois personne ne les en a blâmés. Je crois que l'adversaire n'a pas seulement voulu taxer les figures des monstres, mais aussi toutes les autres qui sont en mes Œuvres, en nombre de plus de *375*, pour le dessin et la gravure desquelles j'ai déboursé libéralement et personnellement plus de 1.000 écus ; je pense que ceux qui s'en moquent ne voudraient avoir soulagé le public d'un seul écu de leur bourse. Comme elles sont, ces figures-là sont telles qu'elles profitent beaucoup à plusieurs chirurgiens, pour le maniement et usage de plusieurs instruments nécessaires à la guérison des maladies.

Qui me fait croire que telle moquerie est partie de même animosité que celle qui est à la fin du livre de l'adversaire, par laquelle il dit que je me suis fait traduire le livre fait par Jordanus *de Peste*.

J'appelle Dieu à témoin si jamais j'y pensai, et ne l'ai vu ni en latin, ni en français. Et quand je l'aurais fait, alors je n'eusse oublié de le nommer honorablement, comme je l'ai fait pour tous les auteurs desquels j'ai pu apprendre à tirer quelque profit, ainsi que je l'ai montré, évidemment, par la table que j'ai dressée de leurs noms au commencement de mes œuvres.

Voilà ce que j'ai voulu répliquer sur les raisons contraires. Ce que je prie mon adversaire de prendre en bonne part, et estimer que ce que j'en fais est plus pour maintenir la vérité que pour le dédire.

Car je pense que, de sa part, ce qu'il en a fait n'a été que pour m'instruire, ainsi que le public ; et, personnellement, je suis très heureux d'apprendre de tout le monde, et de vieillir toujours en apprenant... Seulement, je le prie, si il a envie d'opposer quelques contredits à ma réplique, qu'il quitte l'animosité, et qu'il traite un peu plus doucement le bon vieillard. Il est bien séant aux jeunes gens, pour faire preuve de leur esprit, éloquence et doctrine, de discourir des points problématiques librement ; et aux gens de mon âge de s'arrêter tellement à la vérité que l'on ne s'en départit aucunement, pourvu que l'un et l'autre se fasse sans pique, riotte, blâme, et offense de son prochain...

FIGURE D'UN ÉLÉPHANT DE MER

Liste des illustrations

Le Cabinet des lettrés

Ceux qui aiment ardemment les livres constituent sans qu'ils le sachent une société secrète. Le plaisir de la lecture, la curiosité de tout et une médisance sans âge les rassemblent.

Leurs choix ne correspondent jamais à ceux des marchands, des professeurs ni des académies. Ils ne respectent pas le goût des autres et vont se loger plutôt dans les interstices et les replis, la solitude, les oublis, les confins du temps, les mœurs passionnées, les zones d'ombre.

Ils forment à eux seuls une bibliothèque de vies brèves. Ils s'entrelisent dans le silence, à la lueur des chandelles, dans le recoin de leur bibliothèque tandis que la classe des guerriers s'entre-tue avec fracas et que celle des marchands s'entre-dévore en criaillant dans la lumière tombant à plomb sur les places des bourgs.

Pierre Herbart
En U.R.S.S. (1936)

Pages du journal de la reine Victoria

Gérard Wajcman
Tania Mouraud
Les animaux nous traitent mal

G.K. Chesterton
L'assassin modéré

Roberto Peregalli
La Cuirasse brodée

Stéphane Audeguy
In Memoriam

Thomas De Quincey
Sur le heurt à la porte dans Macbeth

Jean-Christophe Bailly
Gilles Aillaud
Le visible est le caché

G.K. Chesterton
Le meurtre des Piliers Blancs

Jean-Pierre Balpe
Miguel Chevalier
L'Herbier

Giorgio Manganelli
Voyage en Afrique

Composition : Dominique Guillaumin, Paris
Achevé d'imprimer
par l'Imprimerie Floch
à Mayenne, le 28 octobre 2011.
Dépôt légal : octobre 2011.
Numéro d'imprimeur : 80829.
ISBN 978-2-07-013619-3 / Imprimé en France.

237539